フィールドワーク選書 10

印東道子・白川千尋・関 雄二 編

西アフリカの王国を掘る

文化人類学から考古学へ

竹沢尚一郎 著

臨川書店

目次

扉写真——古ガオ遺跡の横を通るラクダの列（二〇〇七年）。

はじめに　西アフリカの発掘事始め

西アフリカの王国の跡を追って

アフリカ大陸の西の端、ギニア山地から流れ出して北東に向かったニジェール川が、大きく湾曲して南東に方向を変えるあたり、マリ共和国東部のガオ市に一つの空き地がある。西アフリカ史上もっとも著名な王であるマリ帝国の王カンクー・ムーサが、一三二四―五年のメッカ巡礼の帰途に立ちより、モスクを建設したというので今日まで空き地のままに残された土地だ。

その表面に大きな石が点在していることは、西アフリカを専門とする考古学者や歴史学者にはよく知られていた。ところが、一九五〇年代にフランスの考古学者レイモン・モーニーがこの地をおとずれ、おそらく簡単な発掘の結果、それが過去の建造物の遺構ではなく、後世の建物の基礎石にすぎないと断定した。それいらい、この空き地の石は手つかずのまま残されていたのだ。

私たちがこの空き地をおとずれたのは二〇〇三年十一月のことだった。二〇〇〇年から共同研究を実施していたマリの若い考古学者ママドゥ・シセ君と一緒であった。ガオ市とその周辺にはいくつもの遺跡が存在する。しかし、高額で取引されるテラコッタ像やガラス・ビーズが出土することもあって、盗掘があとを絶たないのが現状だ。このまま放置していたなら、マリの国民的財産であるはずの遺跡がずたずたに破壊されてしまう。地元住民や地方自治体の要請を受けたマリ政府の文化財保護局が、私たちに緊急調査を依頼したことから、私たちはガオ市とその近郊での発掘を開始したのだった。

その二年前の二〇〇一年の冬に、私たちはガオ市の七キロメートル東にあるガオ・サネ遺跡で発掘をおこなっていた。この遺跡は今から千年近く前のイスラーム式の墓碑が残ることで有名な遺跡だが、盗掘のために二千ケ所以上の穴が掘られ、遺跡全体がずたずたにされていた。そのため、最初におとずれたときにはとても発掘など実施できそうにないように思われた。それでもかろうじて盗掘を逃れた箇所を見つけることができ、二ケ所で発掘をおこなった。それによって、従来の定説をくつがえすような成果をあげることができた。そこで得たデータと比較することを目的として、ガオ市かその近郊での発掘をめざしたのだった。

私とシセ君は車に乗ってガオ市とその周囲に点在する遺跡をおとずれ、地表面に残る土器片や住居跡などを見てまわった。ゆらゆら揺れる小舟に乗って、ニジェール川の対岸にある遺跡をおとずれたこともあった。しかし、それらの遺跡は私たちの関心を引くことはなかった。というより、土づくりの家々が立ち並ぶなかに残されたガオ市内の小さな空き地、しかもその表面に点々と残っている石の列が、あまりに私たちの注意を引いていたのだ。過去の研究者は重要ではないといっているが、本当にそうなのか。そもそもその研究者は、実際にしっかりした発掘をおこなったのだろうか。私たちは失敗を覚悟で発掘することにしたのだった。

思いがけない発見

「どこを掘ろうか」。空き地はおよそ二百メートル四方の広がりがある。しかもその表面には、地面のなかから顔をのぞかせている大きな石だけでなく、小石や堆積物も散在していた。発掘場所を決定するには、まず表面のゴミや小石をきれいにとりのぞいて、石の配列を確認しなくてはならない。そこで十人ほどの人間を雇って、空き地全体を清掃することにした。そうしているうちに、わずかに露見していただけの石がいくつかの列をなしていることが目に見えるようになってきたのだった。

「どこからはじめるか」。私とシセ君は適切な発掘場所を探して、別々に広場を歩きまわった。大きな石は広場の西半分に点在していたが、地表にあらわれている石の並びを丹念にたどっていくと、一ケ所だけ、石が一・五メートルほどの間隔で二列に並んでいるように見える箇所があった。「ここだ。ここしかない」。何年にもわたって共同研究を重ねてきただけあって、私とシセ君の見解にいささかの相違もなかった。

その地点を中心に、南北に六メートル、東西に六メートルのほそいロープを張って第一区画とし、その内側をまず二十センチメートルの深さに掘り下げる。区画全体をその深さで掘り終えると、レベルを変えてまた二十センチメートル掘り、さらにレベルを変えて掘り下げていく。こうした作業をつづけることで私たちが見いだしたのは、それまで西アフリカでは発見されたことも、報告されたこともないものであった。

図1　ガオ市の空き地の地面のなかからあらわれてきた建造物は、私たちが予想もしなかったほどの規模と構造をもっていた。

地面の下に隠れていたのは、厚さ一・二メートルの石造りの二列の壁であり、しかもその入り口の部分は焼きレンガできれいに装飾されていた。石でつくられた壁の厚さといい、ていねいに並べられた石の積み上げ方といい、それは私たちが予想もしていなかったほど洗練されかつ大規模なものであった。それを目にした私たち研究者も、作業にあたっていたガオ市の泥大工たちも、みなが興奮して作業は熱を帯びた。その後、二ケ月半のあいだ発掘をつづけた結果、南北に二十メートル、東西に二十六メートルの土地を掘り起すことができ、その下に隠れていた巨大な建造物が現れてきたのだった。

西アフリカ最古の王宮の発見？

この空き地をふくむ一角は、地元の人間によればガオ市の最初の居住区である。そこで私たちはこれを「古ガオ遺跡」と名づけ、その後も数年にわたって発掘を継続した。その結果、奥行き十二・五メートル、全幅おそらく七十五メートルの巨大な石造りの建造物であることが判明した（西側部分の一部は民家の下にあるので発掘が完了していない）。そしてその北側の地面の下にも、やはり石だけをもちい、排水溝のある浴室をそなえた小規模な建造物が複数存在することが確認されたのだ。

西アフリカのサバンナ地帯では、一般に家屋の建造にもちいられるのは、粘土質の土を天日で干した長方形の日干しレンガか、土を手で丸めて干しただけのレンガであり、石がもちいられることはまずない。その意味で、これらの建造物は西アフリカ・サバンナの考古学としては過去に例のない発見であった。建造の年代については、深さの異なる複数のレベルで炭化物を採取して放射性分析をおこなった結果、どの建物も西暦九世紀半ばに建造され、十世紀半ばまでに放棄されていたことが確認された。

この遺跡で発見された出土品も興味深い。ガラス製ビーズ二万五〇〇〇個以上、銅片約二千点（うち、明確な形をとどめた銅製品一四〇点）、北アフリカのファーティマ朝の陶器片約五十点（他に、中国製の白い磁器が一片あった）、香水瓶ないし香油瓶をふくむガラス製品約五十点などが出てきたのだ。ガラスはサハラ以南では製造されなかったというのが定説なので、ガラス製の容器やビーズ、ファーティマ朝の陶器などの発見は、ガオを中心にサハラ縦断交易がかなりの頻度でおこなわれていたことの証拠といってよい。

他に類を見ない建造物の規模や建築材料、そしてたんなる交易品とは思えない出土品の質の高さなどから、私たちはこれが九世紀半ばに建てられた王宮の一部だと考えている。これまで西アフリカ考古学が中世期の王宮や王都の発掘に成功したことはないので、もしこれが私たちが考えるように王宮だとすると、西アフリカで最初のかつ最古の王宮の発見ということになるのだ。

アフリカの過去に向かう

私が西アフリカで考古学の発掘調査を開始したのは一九九九年のことだった。文化人類学を専攻していた私は、一九八一年にはじめて西アフリカをおとずれていらい、ニジェール川中流域の漁民集団であるボゾのもとで調査をおこなっていた。

ボゾは人口十数万の専業漁民集団であり、「およそニジェール川の水のあるところ、ボゾのいない土地はない」といわれるほど、漁業技術のレベルの高さと魚を追っての移動のダイナミックさにより、他の集団から一目おかれている。その彼らの、生業形態や漁業技術、居住形態、社会組織、宗教生活、そして第二次世界大戦以降の商業資本の浸透に対する対応など、ボゾの人びとの生のあらゆる側面について理解しようとしてきたのだ。

これらの課題は、自分の目で見たり、現地の人びとに聞いたりすることによって確認することが

図2　ボゾの人びとがニジェール川内陸三角州でおこなうガンガ漁。一日中水のなかに入って魚を追う大変な漁だが、反面、たいへん経済効率のよい漁である。

できる。しかし、そうした調査を継続しているうちに、直接目に見ることもできず、人びとに尋ねても答えを得ることのできない課題が存在することがわかってきた。彼らはいつごろからこの土地に住みつき、漁をおこなってきたのか。アフリカの他の地域では、ひとつの民族が漁も農業も牧畜もあわせておこなうのが一般的なのに、なぜこの土地の人びとは、漁民や農民、牧畜民というように専業化しているのか。

ニジェール川の漁民たちは今日ではナイロン製の漁網をもちいているが、過去には自分たちで綿糸をつくり、それを編みこんで漁網をつくっていたという。それでは、その綿はいつからもちいられてきたのか。彼らは多くの魚を捕り、それを売って穀物や生活資材を購入しているが、そのためには市の存在が前提になる。その市はいつごろから成立し、どのような貨幣をもちいて人びとは交換をおこなってきたのか。彼らの暮らしのなかにある歴史、彼らの漁や生活を今日見られるような形態にかたちづくってきた歴史、それが私にとって大きな課題になってきたのだ。

ボゾの人びとの生活がいとなまれているニジェール川流域は、旧大陸最大の金の産地として知られてきた。金は装飾品としてだけでなく、経済活動においても不可欠な貨幣の材料であり、そのため金に対する需要は歴史を通じてとだえることがなかった。この土地が生み、人びとの欲望をかきたてた金を求めて、多くの商人が北アフリカや地中海世界から来ただけでなく、マリからもメッカ巡礼などのかたちで外に出ていった。西アフリカの記述がアラビア語の資料に最初にあらわれるのが八世紀後半なので、こうした相互交流は今では千年以上におよぶ計算になる。その過程で、というよりそれ以前から、人びとは漁業や農業をおこない、綿を栽培して糸をつむぎ、土を固めて家を築き、鉄を製造して漁のための銛や農具や武器をつくってきたのだ。

西アフリカの文明

このように、西アフリカの人びとが独自に、また外の世界との交流を通じてかたちづくってきた生活形態や経済活動、さまざまな国家をはじめとする社会組織は、「文明」と呼ぶことができるものであろう。そして、ニジェール川流域に独自の文明が華開いていたからこそ、この地にはトンブクトゥやジェンネといった千年前後の歴史をもつ古い都が生まれたし、それがあったからこそ、十

図3　日干しレンガでできた建造物としては世界最大級の規模をもち、ユネスコの世界遺産にも登録されているジェンネのモスク。

八世紀後半から十九世紀にかけて、西欧の多くの探検家が「黄金の都」に到達することを求めて命を賭したのではなかったか。

その文明を構成していた要素が、どのようにして生まれたのか。また、それらはどのように西アフリカの他の地域に伝わっていったのか。サハラ砂漠の彼方の世界との交流は、マリの人びとにどのような文化的影響を与えたのか。ニジェール川のほとりで彼らがつくりあげた文明の要素は、サハラを越えて北に広まることはなかったのか。私がいだいた問いはつぎからつぎへと大きくふくれていくばかりで、答えを見つけることができなかった。それらの問いに答えを得るには、西アフリカの過去の理解を深めるべく、歴史研究に専念していくことが不可欠だと思われたのだ。

とはいっても、過去のサハラ以南アフリカ社会の多くは無文字社会であったので、イスラームの学者や法律家をのぞけば、アフリカで文字をもちいた人びとの数はきわめてかぎられていた。そのため、私たちが古い時代の歴史資料として活用することができるのは、八—十六世紀に西アジア・地中海世界でアラビア語をもちいて書かれた歴史書や地理書が最重要なものである。

しかし、これらの多くは伝聞による二次資料であるか、西アフリカを実際におとずれた人間の手になる場合でも、その滞在は短期間にかぎられている。そのため、彼らの記述は交易や政治などの一部領域にかぎられているか、外国人特有の視点というバイアスがかかっていることがほとんどである。十五世紀以降になると、ヨーロッパ人の交易者や植民者の記録があらわれるようになってくる。しかしこれも、記述が大西洋の沿岸部にかぎられていると同時に、アラビア語資料とおなじ課題をかかえているのは明らかだ。

一方、これまでアフリカ史の解明のために重視されてきたのは口頭伝承であった。その観点から私はニジェール川中流域の諸社会で口頭伝承を収集してきたが、これに依拠しただけでは二世紀以上さかのぼることがほぼ不可能なことがしだいにわかってきた。であれば、それ以上古い時期の西アフリカの過去を明らかにしようと思うなら、自分の手で新しいデータを手に入れるべく、未発掘のアラビア語資料を探すか、考古学の発掘をおこなうしかないのではないか。そう考えるようになったのだ。

アフリカで発掘をすることの意義

私は一九九九年にはじめて発掘にたずさわり、それから十五年にわたってマリで発掘をおこなってきた。最初は経験のある考古学者の発掘を見守るだけであったが、その過程で、新石器時代から鉄器時代にいたるまでの土器の編年を習得したり、層位法による発掘技術や知識を獲得したりしてきた。マリのサバンナで最古の土器が出現する起元前三五〇〇年から、起元前五〇〇年以降の鉄器時代、そして近現代にいたるまで、五千年ほどのタイムスパンで遺跡の発掘をおこなっているのは私たちのチームがマリでは最初であり、西アフリカの全体を見渡してもほとんど他に例を見ない。

これまで私は一貫してマリの若手研究者と共同作業をおこなってきたが、その過程で何人かの研究者の育成にさえ手を貸してきた。彼らとの共同作業は楽しくかつ有意義なものであり、その楽しさや意義をこの本のなかで伝えていきたいと思っている。それにとどまらず、未開拓の領域が手つかずのまま残されているという点で、マリは考古学研究者やその志願者にとって垂涎の地といってよい。とにかく掘りさえすれば、それまで報告されたことのないような新たな知見を手にすることができるのだから。

サハラ以南のアフリカ諸国で考古学の発掘調査をおこなっているのは、今のところ日本では私だけだ。欧米諸国の大学ではアフリカ史やアフリカ考古学の講座があるのが普通であり、学生は自由にこれらの科目をとることができる。ところがわが国では、これだけ多くの大学が存在するのに、アフリカ史やアフリカ考古学の講座はどこにも存在しない。歴史を学ぶことは他者を理解し、他者との対話をおこなううえで必須事項であるはずなのに、その学びの場がわが国には存在しないのだ。

こうした学問上の空隙をいささかでも埋めていきたい。私は何年も前からそう考えてきた。その目的でいくつかの論文を国内外で発表し、学会でも発表を重ねてきたし、今はアメリカのイエール大学出版会から依頼を受けて英語の本を書いている。しかし、それだけでは不十分なのではないか。客観的データにもとづいたいわば手堅い専門書だけでなく、個人的な経験や感想と、学術的かつ総合的な知見とを織り交ぜた、読みやすくてしかも理解を一新してくれるような種類の書物も必要なのではないか。

私がマリの友人たちとどのように西アフリカで発掘をおこなってきたか。そこにはどのような可能性があり、またいかなる困難が待ち受けていたか。私とマリ人のチームは、これまでにどのような成果を上げ、そのことが世界のアフリカ史理解をどれだけ変えてきたか。私たち日本人のアフリカ理解がまだまだ乏しいことを考えるなら、幅広い観点に立って西アフリカの歴史をとらえると同時に、ひとりの日本人研究者としての視点にもこだわった、癖のあるというか、個性のあるというか、そんな書物があってもよいのではないか。

それらを書くことで、日本におけるアフリカ史とアフリカ考古学への関心と理解がいささかでも深まってほしい。そう期待しながら、この本をはじめることにしよう。

第一章　ニジェール川　西アフリカの母なる川

ニジェール川とサハラ砂漠

西アフリカの広大な大地を西から東へと貫くニジェール川は、西アフリカに独自の文明をはぐくんだ母胎である。西アフリカに固有の生活様式が生まれたのも、七―十六世紀の西アフリカに複数の国家あるいは帝国と呼ばれるほどの巨大な政治的・経済的単位が成立したのも、ニジェール川の存在を抜きにして考えることはできない。私はそのことをこの本のなかで示していきたいと思っている。とはいえ、人間と環境の相互作用がつくり出した国家と文明について語る前に、自然の産物としてのニジェール川について述べておくことにしよう（図5）。

ニジェール川はいくつか奇妙な特性をもっている。まず、何より特徴的なのはその形態だ。ニジェール川の源流は、大西洋からわずかに内陸にはいったギニア山地にある。ここは熱帯雨林帯に属しているので、一年を通じて多くの降水量がある。この山地で雨水をあつめたニジェール川は、海に背を向けて一路北東に向かい、湿潤サバンナ、乾燥サバンナを経て、トンブクトゥ付近でサハラ砂漠に出会う。ところがそこで、それまで北進をつづけていた川は方向を大きく変える。ニジェール川はゆっくりと湾曲して南東に方向を変え、これらの気候帯を逆向きに横切って、ナイ

図4　西アフリカを西から東へと貫くニジェール川は、遠い過去から現在まで、人びとの生活を支えてきた母なる川だ。

ジェリア南部の熱帯雨林帯を抜けてギニア湾に注ぐのだ。

なぜこのような奇妙なかたちをしているのだろうか。それに言及する前に、ニジェール川のもうひとつの特徴にふれておこう。西アフリカは全体にフラットな土地であり、高い山はほとんどない。ニジェール川の源流も例外にもれず、高度は千メートルにさえ達していない。アフリカ第三の河川であり、長さが四二〇〇キロメートルもあるニジェール川なのに（その長さは日本でいえば、北端の宗谷岬から西南の端の与那国島までに相当する）、高度差は千メートルもないのだ。そのため、川の水は傾斜に沿って流れるというより、上流に降った雨水に押し出されるようにしてゆっくりと進むのだ。

水の流れに勢いがないので、砂や土の抵抗を押しのけるのは容易ではない。ニジェール川がサハラの砂がつくる砂丘に流れを阻害され、トンブクトゥで

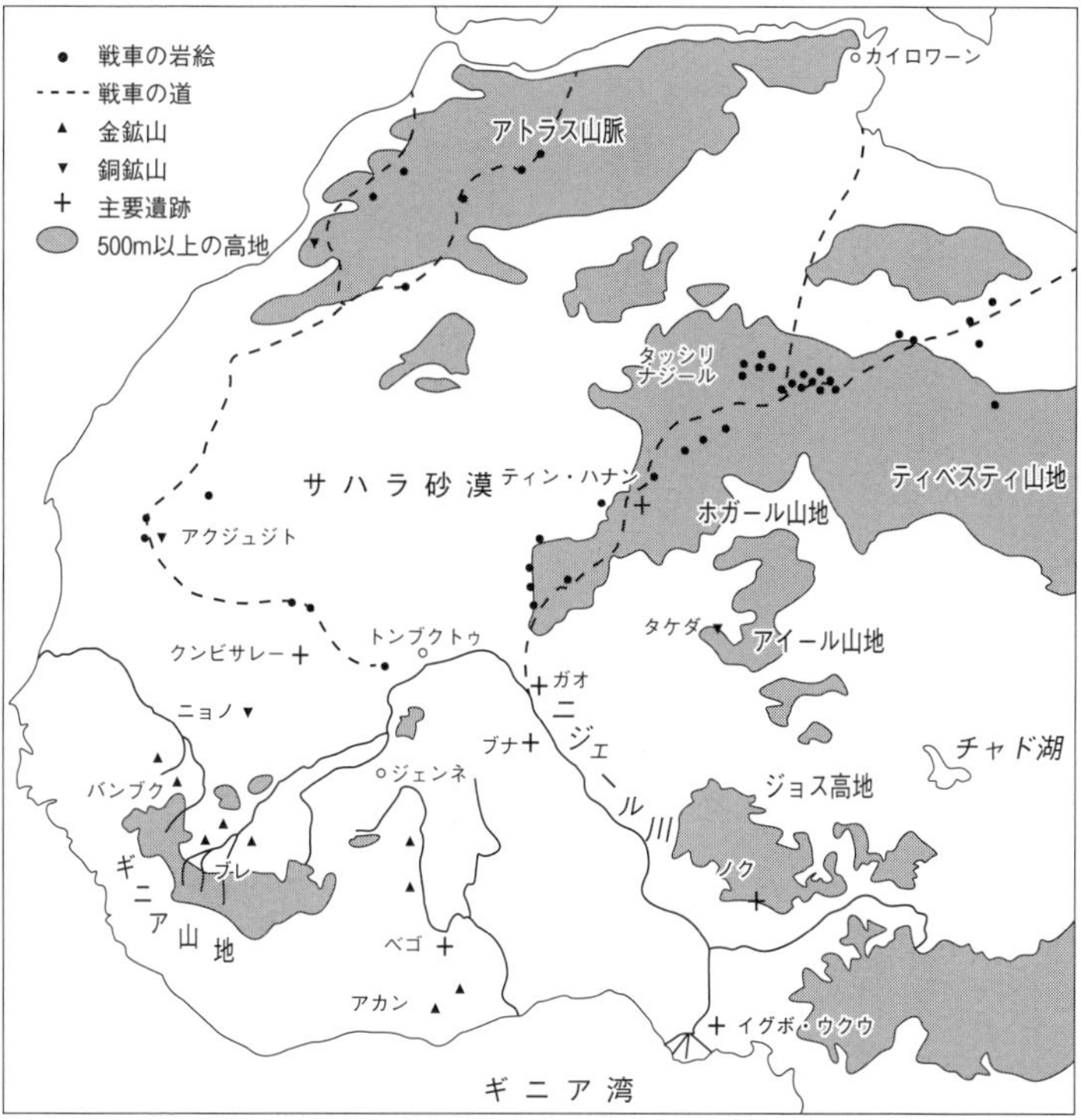

図5　西アフリカと北アフリカの地形図とニジェール川、戦車の道。

大きく弧を描いて南に向かうのはそのためである。とはいっても、気候がより湿潤であった過去の時代には、ニジェール川の流れにももっと勢いがあり、川は砂や砂丘を押しのけてまっすぐ北に向かっていたと考えられている。サハラ砂漠中央の低地に大きな塩田がいくつも存在すること、そこでの人間の居住は紀元前四〇〇〇年以降であり、それ以前の遺跡は周囲の山地とその麓にかぎられていること、それらの遺跡からは釣り針や水生動物や魚の骨がたくさん発見されていることなどが、その根拠とされている。

サハラ砂漠の岩壁画

北半球が現在より湿潤であったのは、図6にあるように紀元前一万一〇〇〇年〜三〇〇〇年のあいだであった。この時期には雨量は今よりずっと多く、今日では砂漠の広がる乾燥しきった北西アフリカの大半も、緑と水のあふれる豊かな世界であったのだ。

北西アフリカの中央部は低く平坦な土地であり、ニジェール川が運んでくる水や周囲の山地から流れ出た水に広くおおわれていたので、人間の居住にはあまり適していなかった。そのため、その時期に人間が住んでいたのは、アルジェリアとマリ、ニジェール、リビアの四ケ国にまたがるホガール山地やアイール山地、そしてモロッコ南部のアトラス山脈などの高地とその山麓であった。

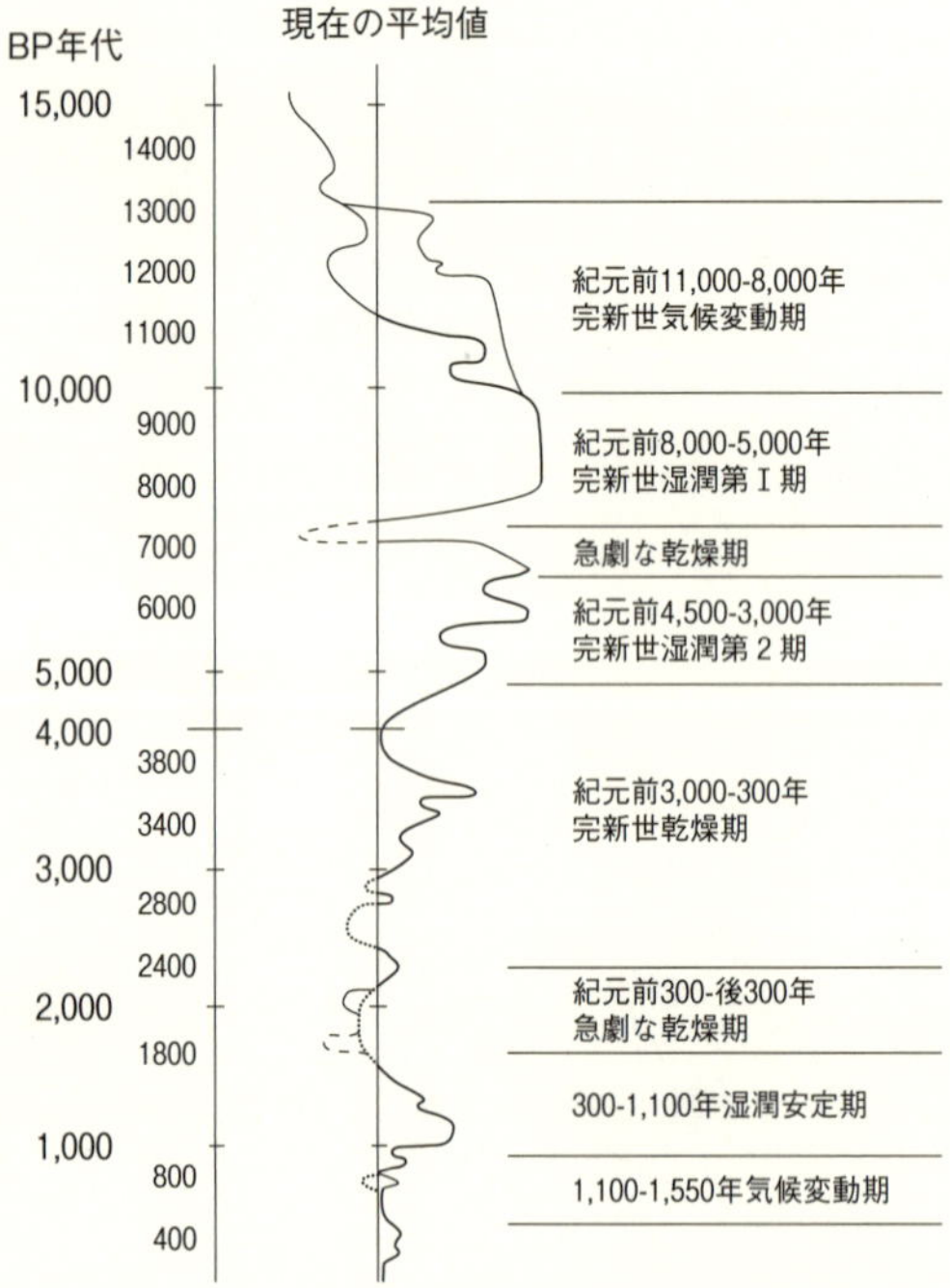

図6　西アフリカとサハラの乾燥度の通時的変化。BP4000年を境に尺度を変えてある。

図7　サハラの山地の岩壁には、狩猟や牧畜をあらわす岩壁画がたくさん残っている。この図は1950年代にタッシリ・ナジールの絵を発見したアンリ・ロートのチームが模写したもの。

　これらの高地には、キリンやゾウ、レイヨウなどの野生動物をあらわす岩壁画がたくさん残っており、秘境探検ツアーの格好の対象になっている。それだけでなく、カヌーに乗って水生動物の狩りをする人びとや、牛の飼育をする黒人系の人びとの姿、さらにはしばしば宇宙人ではないかと主張される奇妙な絵も描かれている。このことからわかるように、この時期、サハラは水と緑と生命にあふれていたのだ。

　これらの絵はいつごろ描かれたのだろうか。岩壁画は線刻か炭素をふくまない顔料で描かれているので、年代を特定する手がかりにはならない。一方、これらの絵と地つづきの土地にはいくつかの遺跡があり、これまでの発掘によって多く

表1　西アフリカとサハラの編年表

年代	時代	事項
紀元前	新石器時代	
8000		
7000		サハラ中央高地で土器出現 アーリー・ハルツーム遺跡 サハラの東西で牛の飼育？
6000		
5000		
4000		アクンボ遺跡の開始
3000		
2000		チャベル・グジョジェ遺跡 コバディ遺跡、銅の出現 サハラの戦車の道
1000		
	鉄器時代	西アフリカ各地で鉄の出現
		ジェンネ・ジェノ遺跡
250		
500		メマでの人間の居住再開
750		ガーナ王国、ガオ王国の成立 ガオ・サネ遺跡 古ガオ遺跡
1000	歴史時代	
1250		マリ帝国の最盛期
1500		ガオ帝国の最盛期
1750		セグー王国、マーシナ王国
2000		

の土器片や牛の骨が発見されている。放射性炭素の年代測定によれば、ニジェール北部のアイール山地の土器が紀元前八〇〇〇年紀、アトラス山脈とサハラ東部で発見された最古の牛の骨が紀元前七〇〇〇年紀であり、これ以降も多くの遺跡が残されている。これらの数字は、エジプト文明を生んだナイル川流域より千年以上古いものであり、サハラにおける人間の営みの古さと活発さを物語る資料といえる。

サハラの「水の文明」

サハラ砂漠の東の端、ナイル川に面してスーダンの首都ハルツームがある。その近くに点在する十あまりの遺跡は、「古ハルツーム様式」と呼ばれる特徴的な出土品でよく知られている。「波状紋様」、「波状点刻紋様」という独特の紋様をもつ土器や、動物の骨でつくった釣り針や銛、おそらく腕輪として活用された石製リングなどがそれだ。

図８　ニジェール川の支流で見つかった波状紋様の土器。この種の土器は、東のナイル川から西のニジェール川にいたる広い範囲で発見されている。

私もニジェール川の支流に面した遺跡で表面に残る遺物を記録する表面採取をしていたところ、奇妙な紋様をもつ土器片を見つけたのでとっておいたら、あとでこの古ハルツーム様式の土器だとわかってびっくりしたことがある。この土器片は、今は国立民族学博物館のアフリカ史のコーナーで展示しているが、ニジェール川沿いの遺跡が紀元前三五〇〇年、ハルツーム付近の遺跡の方は紀元前七〇〇〇年までさかのぼることが、放射性年代測定によって確認されている。

このことが示しているように、このタイプの紋様をもつ土器や骨製釣り針や石製リングは、東端のナイル川から西端のニジェール川にいたるまで、サハラのほぼ全域で発見されている。このことからイギリスの考古学者サットンは、サハラでは遠い過去に「水の文明」がさかえていたと主張している。彼が「水の文明」と名づけたのは、釣り針や水生動物の骨の存在が示している過去の湿潤期と、乾燥した現在との違いを強調するためであった。

この「水の文明」は、はたしてひとりの考古学者がつくり出した架空の想像にすぎないのだろうか。そうとばかりはいえないのは、それが人間集団の分布や移動と密接に関係していると考えられるためだ。アフリカの言語分布をみると、「ナイルサハラ」と呼ばれる語族がある。人類学で有名な東アフリカの牧畜民であるヌエルやディンカ、マサイなどのナイル川の上流地帯に住む諸民族をふくむ言語群だが、この語族に属する集団が西アフリカにも存在する。私たちが発掘をおこなってきたガオ市を中心とする地域に分布するソンガイ人がそれであり、彼らは飛び地のように他の集団から離れて存在しているのだ。

この奇妙な事実をどう理解すべきか。一般に与えられているのはつぎのような解釈だ。ナイルサハラ語族の母語を話していた人びとは、まだ湿潤であったサハラの全域に居住して、漁や狩猟、採集、そして若干時代が下ると牧畜で生計を立てていた。サハラ各地の山地に残る岩壁画を描いたのは彼らの先祖であり、その時期はおそらく、古ハルツーム遺跡が開始された紀元前七〇〇〇年ごろから前三〇〇〇年のあいだであった。

ところがその後、北部アフリカ全体の乾燥化が進むにつれて、彼らは水と草地を求めて南下を余儀なくされた。その一部はナイル川に沿って東南に向かい、ヌエルやディンカなどと呼ばれる集団を形成した。一方、別の一部は南西に向かってニジェール川流域に達し、ソンガイ人となった。おなじ語族に属する集団が、サハラ中央の山地をはさんで東と西に分かれて分布しているのは、そうした歴史的経緯によると考えられているのだ。

砂漠の戦車

サハラ各地に残る岩壁画は、もうひとつ興味深い事実を伝えている。馬に曳かれた二輪の戦車の絵が数多く残されていることだ（図9）。ヨーロッパでは紀元前三〇〇〇年〜二〇〇〇年紀に、スペインからスカンジナビア半島にいたるほぼ全域で、おなじタイプの戦車を描いた図が数多くあらわれている。このことを見ても、馬が牽引する戦車はヨーロッパから、おそらくジブラルタル海峡を経由してアフリカ大陸に持ち込まれ、各地に広がったのだろう。

サハラの各地に残る戦車の絵をたどっていくと、二本のルートを再構成することができる。モロッコの海岸部からアトラス山脈を経てニジェール川にいたるルートと、地中海に面したカルタゴやリビアから、サハラ中央部のホガール山地を経てガオにいたるルートだ（21頁図5）。この戦車は二頭の馬に曳かれていることを見ても、戦車が行ききしていた時代にはサハラはまだ乾燥化が進んでいなかったと推測される。今日のように乾燥化が進んでいたなら、砂漠の砂の上をほそい轍の二輪の車輪が進むことはできなかっただろうからだ。

これらの戦車が導入されたのは、ヨーロッパより遅れているはずだから、紀元前一五〇〇年以降であろう。そしてその時代までは、サハラがそれほど乾燥していなかったことがこれによって推測されるのだ。馬に曳かれた戦車は武力の存在を示唆しており、サハラの他の岩絵が示しているのは、

図９　サハラでＢＣ1500年以降にもちいられていた戦車をあらわす岩壁画。サハラの岩壁画にはラクダが描かれておらず、この時期には馬が広くもちいられていた。

漁業や牧畜などをいとなむ人びとの豊かな暮らしぶりだ。それらの絵が地中海沿岸からニジェール川流域までつづいていることは、この地域の過去の豊かさをなにより雄弁に物語るものといえる。ガオをふくむニジェール川中流域は、太古の昔から、サハラを縦断するかたちでおこなわれた交易や支配のくり返される戦略的拠点であった。と同時にそれは、サハラでつくり出された人びとの豊かな暮らしを受けつぎ、さらに発展させてきた地域であったのだ。

ニジェール川中流域の一年

ニジェール川はきわめてゆるやかな傾斜しかもたないので、平らな土地にいたると、水は停滞して川床からあふれ出て広大な氾濫域を形成する。それらの土地は一年のう

図10　ニジェール川に面した内陸三角州の村。年間降水量が500㎜程度であるにもかかわらず、内陸三角州はニジェール川の自然氾濫のおかげで農耕に最適の環境になっている。

ちの一定時期にきまって氾濫を引き起こすので、古代文明を生んだナイル川やメソポタミアの河川がそうであったように、農業や牧畜に最適な環境を形成してきた。ニジェール川の中流地帯に多くの遺跡が存在し、しかもきわめて古い層から人間の活動の跡が見られるという事実が、それを証拠立てている。

数ある氾濫域のなかでも、もっとも大きく、もっとも重要なのが、ニジェール川中流域の「ニジェール川内陸三角州」と呼ばれる湿低地だ（77頁図23）。この三角州は、東西に一五〇キロメートル、南北に二〇〇キロメートルという巨大なものであり、日本でいえば九州とほぼおなじ広さをもっている。

内陸三角州が位置するのは、気候帯でい

えば乾燥サバンナであり、そこでの雨期は六月半ばから九月にかけての三ケ月にとどまり、年間の総雨量も五百ミリメートル前後でしかない。天水だけにたよって農業をおこなおうと思えば、乾燥に強いトージンビエという穀物の栽培だけが可能な乾燥した土地だ。ところが、九月から十一月にかけて、ニジェール川の上流地帯に降った雨水がこの地にいたると、雨期が終わっているにもかかわらず広範な氾濫が引き起される。九州ほどの広がりをもつ平地が、一面氾濫水におおわれるのだ。そのため、内陸三角州では雨期のはじまる六月半ばから氾濫水の引く十一月までの五ケ月のあいだ、十分な水の供給を受けることができるのだ。

雨期の直前の四月か五月にこの地をおとずれたなら、どこも乾ききって、砂埃が風に舞うのに閉口させられるだろう。農業もできず、牛に草を十分に食べさせることもできず、水が少ないので魚もいない。しかも、気温は一年で一番暑く、最高気温が五十度を超えることもまれではない。一口に五十度というが、私などは気温がその温度に達すると体温が平熱を超えてしまうせいか、頭がぼうっとして意識がほとんどなくなってしまう。それほど過酷な環境のなかで、人びとはなにをするともなく雨期のはじまりを待ちわびるのだ。

そこに突然、強い風が吹き、東の空のかなたに黒い雲があらわれてくる。砂嵐、雨をもたらす雲の到来だ。やがてにわかに空が暗くなり、耐えがたい熱気とともにはげしい風が吹きつけてくる。うまくすれば雨が降り、気温が一気に下がってくれるだろう。しかし、うまくいかなければ、風は熱と砂埃だけを残して去っていくだろう。それでも、こうした砂嵐が何度か押し寄せるうちに、待

図11　東の空に見えたかと思うまもなく、雨雲がもうれつな勢いで村に襲いかかる。

ちに待った雨期がはじまるのだ。

最初のまとまった雨とともに、乾ききった大地がいっせいに芽吹き、あたりは一面緑におおわれるようになる。雨期の直前には五十度を超えていた気温も、雨が降るたびに温度が下がり、過ごしやすくなっていく。と同時に、人びとは田畑に出て鍬や犂でたがやし、稲やトージンビエの種子をまき、家畜に芽吹いた草を食べさせることで、生命の回帰を祝うのだ。

雨とともにニジェール川の水量が増していき、やがて九月になるころには、上流から運ばれてくる水をうけて水は川床からあふれるようになる。この時期に内陸三角州をおとずれたなら、どこもかしこも水と緑でおおわれているのが目につくだろう。内陸三角州は世界に二種類しか存在しない稲の一種であり、西アフリカだけで栽培されているグラベリマイネ（アフリカイネ

図12　リマイベの人びとはニジェール川の増水にあわせて稲作をおこない、胸まで水につかりながら稲刈りをおこなう。

ともいう）の栽培起源地とされている。ニジェール川の自然氾濫があるからこそ、この乾いた土地でも水田が広がり、稲の栽培が可能なのだ。

ニジェール川内陸三角州の豊かさ

長い歴史をもつ内陸三角州の稲作だが、その栽培の仕方は集団によって違っている。この地方で稲作に従事するのはマルカと呼ばれる人びとであり、彼らは漁民であるボゾとともにこの地域の最古の住人と考えられている。彼らは村の周囲を切り開いて大きな水田をつくり、牛につけた犂で土の耕起と除草をくり返しながら稲を栽培する。ていねいな作業を重ねるので、単位面積当たりの収量も多く、かなりの余剰を生むことができる。

これに対し、稲作を専業とする別の集団も

存在する。リマイベと呼ばれる彼らは、氾濫水におおわれる低地に稲をばらまき、それが川の増水とともに成長するにまかせる。除草をする必要がないのかとたずねると、浮き稲であるグラベリマイネは雑草より成長が早いので、増水によって稲だけが生き延びることができるというのであった。なんとも簡略な栽培方法だが、それでも収穫にいたることができる。彼らは氾濫水に胸までつかりながら、収穫をおこなうのだ。

内陸三角州にはえるイネ科の植物は、栽培種の稲だけではない。氾濫水におおわれる原野にはブルグと呼ばれる野生のイネ科の植物が大量に存在し、牛や羊の好む飼料になる。マリは人間の数より牛の数の方が多いといわれるほど多くの牛が飼育されているが、それもひとえに豊かな牧草地の広がるこの内陸三角州のおかげなのだ。

牛を飼うのはフルベと呼ばれる人びとだ。彼らのうちの若い男は、雨期の六月半ばから九月にかけて、雨が生じさせた草を牛に食べさせるために北方の原野に移動する。飲み水を入れた水筒と毛布と牛を追うための鞭だけを手にした、過酷な日々である。そして乾期の十一月になって、北方の大地の草がつきるのと並行して内陸三角州の水が引きはじめるころ、牛を連れて戻って来る。氾濫水が引いたあとに芽吹く草を食べさせるためだ。こうして一年を通じて大きな移動をくり返すことで、大量の牛を飼育することが可能になっているのだ。

内陸三角州がもたらす恵みはそれだけではない。大量の牛が莫大な量の糞を残し、それが氾濫水に溶解してプランクトンを発生させる。ニジェール川は栄養分に乏しい、貧しい川だというのが定

図13　北方の原野で草を食べていたフルベの飼育する牛の群れが、氾濫後の内陸三角州にはえる草を求めてニジェール川の支流を渡っている。

説だ。ところがこの内陸三角州の水だけは、牛の糞のおかげでプランクトンが多いことが確認されている。そのプランクトンを求めて魚が集まり、草のあいだに卵を産みつけて数を増加させる。半世紀前にこの地をはじめておとずれたあるフランス人研究者は、「ここには信じられないほどの魚がいる」と感嘆したが、それほど多くの魚が内陸三角州には棲息しているのだ。

魚を捕るのを専業とするのはボゾと呼ばれる人びとだ。魚の生態や行動パターンにくわしい彼らは、工夫を重ねて漁具をつくり、それを組みあわせて大量の魚を捕る。そうして捕った魚を干したり燻製にしたりして市場で売ることで、穀物や生活物資を手に入れるのだ。彼らの捕る魚がどれだけ多いかは、マリが独立した一九六〇年から約十年のあいだ、マリの全輸出品目の上から三番目か四番目に加工魚が位置していたことが示している。近年は乾燥化が進み、上流にいくつもダムが建設された結果、ニジェール川の水位も減り、彼らの捕る魚も激減した。とはいえ、内陸三角州ではいまなお十万を超える人びとが魚を追って暮らしているのだ。

さまざまな国家の誕生

農業とりわけ稲作と、家畜の飼育と漁。この三つが組みあわさることで、内陸三角州を中心とするニジェール川中流域は西アフリカでもっとも豊かで、もっとも生産力に富む土地でありつづけた。しかも、この土地の富はそれだけではなかった。豊かな生産力は、食糧生産に従事する必要のない大量の余剰人口を可能にした。その結果、アフリカでおそらく独自に開発された製鉄や織物業をはじめとする手工業の成長と、それらにもとづく都市と国家の発展がこの地にもたらされたのだ。

西アフリカでは、おそらく七世紀ごろに成立したガーナ王国とガオ王国、十三—十四世紀に最盛期をむかえ「黄金伝説」をイスラーム世界とヨーロッパに広めたマリ帝国、そして十五—十六世紀に西アフリカ史上最大の版図をもったガオ帝国と、巨大な国家組織があいついで誕生した。それらがいずれもニジェール川中流域に誕生したという事実が、この地域の豊かさをなにより雄弁に物語っている。それだけでなく、十八—十九世紀のセグー王国、十九世紀のマーシナ国家とトゥクロール国家など、のちの時代に成立した国家のいずれもがこの地域を本拠としていた。その意味で、

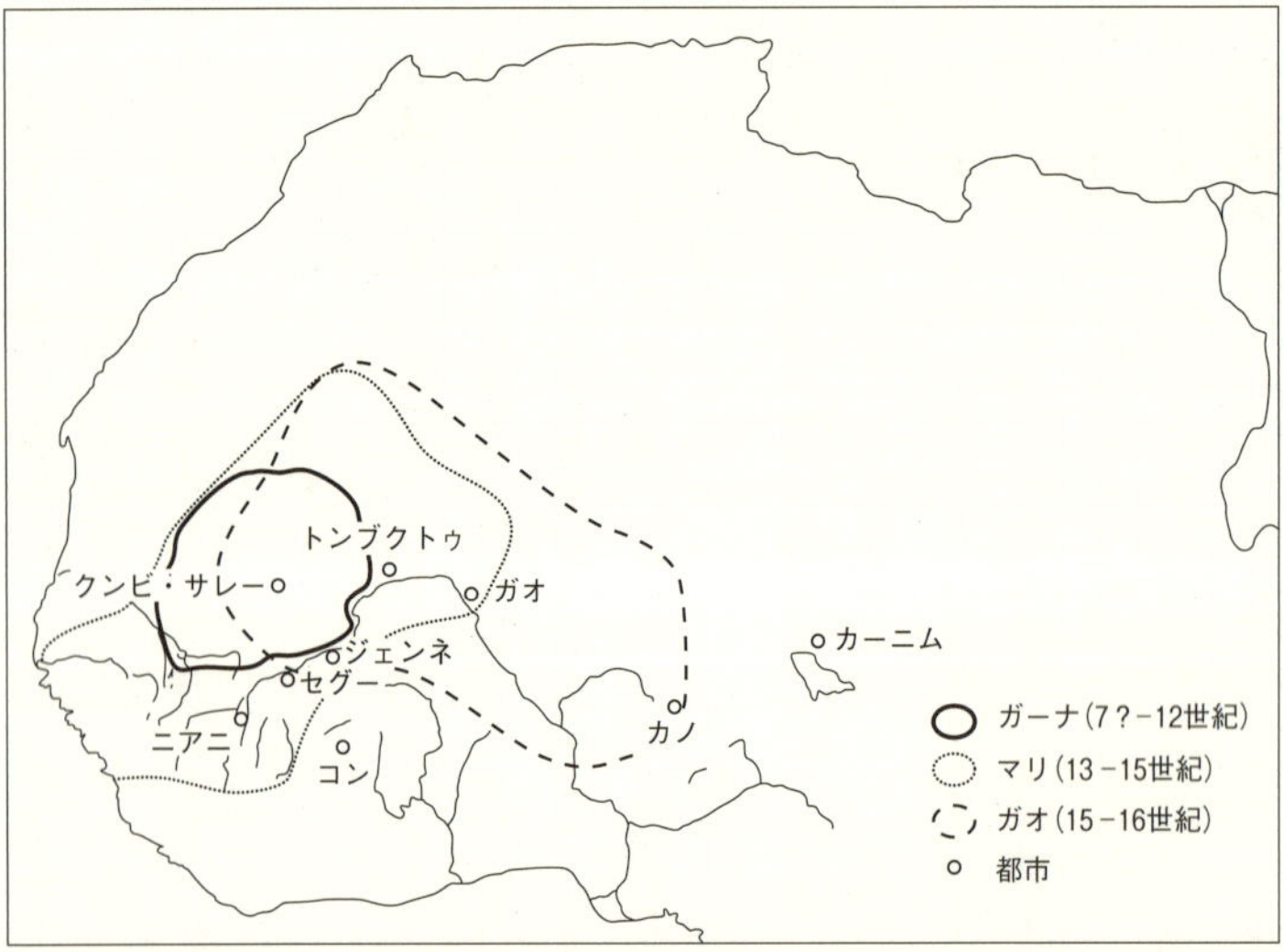

図14　「中世」西アフリカの歴史地図（最盛期の諸王国の版図、北アフリカや中央アフリカの諸王国については記していない）

ニジェール川中流域こそは西アフリカの政治と経済の中心でありつづけたのだ。

私はあるいは先に進み過ぎてしまったのかもしれない。フィールドワーク選書というテーマにもかかわらず、私自身のフィールドワークについてはなにも触れないままに、紀元前八〇〇〇年から近現代までの西アフリカを一気に駆け抜けてしまったからだ。

これまでに語ってきた西アフリカの過去は、もちろんフィールドに出かける以前から私に明らかになっていたものではない。それは、私が内陸三角州でフィールドワークを重ね、さまざまな文献を読み込んでいくことで、はじめて獲得されたものだ。

とすれば、ここでいったん時計の針を逆戻りさせて、フィールドに旅立つ前の時点に立ち返ることが必要かもしれない。それによってはじめて、私がどのようにしてフィールドワークをおこなうようになったか。そして人類学を専攻していた私がなぜ考古学の発掘をおこなうようになったか。その理由を明らかにすることができるからだ。

フィールドワークのはじまり

私がはじめて人類学の講義につづけて出たのは、フランスに留学してパリの社会科学高等研究院の博士課程に入学したときだった。日本では宗教学を学んでいたので、人類学の講義に出たことはほとんどなかったのだ。とはいっても、私は宗教人類学を専攻したいと思っていたので、人類学の文献はかなり読んでいたし、ソルボンヌに民族学講座を開設したマルセル・グリオールが書いた『水の神』の翻訳にもとりかかっていた。それで、出発前の時点で、フランスのどの大学にどの分野の人類学者がいるかという知識はもちあわせていたのだ。

グリオールはフランスの人類学・民族学の第一世代であり、一九三三年にはじめて西アフリカで調査をしていらい、マリのドゴン社会でフィールドワークをつづけていた。その後、クロード・レヴィ＝ストロースとともにフランスの人類学は一新され、彼の斬新な問題意識と独自の分析方法は、フランスを越えて世界中の人類学に影響を与えていた。しかし、彼ら二人はいずれも、実証主義の伝統のある英国人類学とは異なり、人類学者がひとりで対象社会に入り込んで調査をおこなうといった、現代人類学の手法であるフィールドワークを重視することはなかった。それで私もフランスに行くまでは、アフリカの宗教について研究したいとは思っていたが、フィールドワークは短期間ですませ、むしろ新しい人類学の理論と方法を学びたいと考えていたのだ。

私がフランスに着いた一九七九年にフランスの人類学会をリードしていたのは、レヴィ＝ストロースより一世代若い研究者たちであった。彼らは英国流のフィールドワークをフランスで最初に手がけた世代であり、丹念な現地調査と精力的な理論研究を並行して進めることで新しい研究領域を開拓しつつあった。しかも、彼らが教えていた社会科学高等研究院は一九七五年に設立されたばかりであり、若くて鮮明な問題意識をもつ研究者がそろっていた。この大学は博士課程の一年生に対して週五コマの必修講義を課していたが、それは人類学の歴史をはじめ、宗教人類学、政治人類学、経済人類学、親族理論などの理論研究のほかに、航空写真の見方や親族調査法、写真の撮り方といった実践的分野もふくめた、きわめてよく練りあげられたコースであった。

このコースに出席していたのは人類学を専攻する一二〇名ほどの学生であり、その内訳は、四割がフランス人、三割がアフリカなどの旧植民地の学生、その他が三割といった具合であった。日本でフランス語をきちんと学んでいなかった私の会話能力はきわめて拙く、日常生活ではいつも問題を抱えていた。しかし、長い時間をともにしていると、おたがいの関心や考えていることがわかるようになってくるし、専門的な事柄であれば私にも会話はそう困難ではなかった。とりわけアフリカから来ていた同期生と知りあったことが、私の意識を大きく変えた。アフリカの研究をするには相当の覚悟が必要なこと、そしてアフリカでの長期のフィールドワークなしでアフリカについて語る資格はないことを、私は理解したのだった。

マリに行くことを決める

フィールドワークをするには調査地を決めなくてはならない。私は当初は、当時日本人研究者が入っていなかったマダガスカルに行きたいと考えていた。しかし、マダガスカル国内で紛争が生じていたこともあり、首都のアンタナナリボ大学の入学許可を得ていたにもかかわらず、私のビザの申請は許可されなかった。

そこで私がつぎに考えたのは、グリオールの翻訳をしたことでなじみがあり、文献も読み込んでいたマリに行くことであった。とはいっても、フランスの調査隊がすでに四十年にわたって研究をつづけていたドゴン社会では、私などが行っても新しくできることはかぎられる。であれば、彼らの手がけていない社会を選んだ方がよい。そう考えて、ドゴン社会のとなりに位置し、文化的にも共通性をもつにもかかわらず、あまり調査のなされていないボゾ漁民の社会を研究することに決めたのだった。

出発に向けて図書館で文献を読み進めていくうちに、ボゾ社会やそれを取り巻く社会についていくつかのことがわかってきた。ボゾの人びとがおこなう漁やニジェール川の魚の生態についてはくわしい研究があるが、彼らの社会生活や宗教体系に関する研究はほぼ皆無であること、そして専業漁民である彼らはたいてい村のなかで稲作民マルカと共生しており、彼らとの物々交換や市場で加

図15　村の周囲の水田で稲の脱穀をしているマルカの農民。遠くに見える村まで、一面に水田が広がっている。

工魚を販売することで生計を立てていること、などだ。であれば、ボゾの調査と並行して稲作民の調査をすることも必要だろう。ニジェール川が可能にした漁業と稲作を中心とした人びとの暮らしぶりと、彼らが築いてきた社会制度や、宗教をふくめた慣習体系を明らかにすること。私は目標をそうさだめたのだった。

そのような時期に、あるフランス人の同期生とかわした会話を思い出す。彼が、お前はアフリカになにをしに行くのかと聞いてきたので、私はニジェール川流域の漁業と米作について研究するのだと答えた。すると彼は困惑とも感嘆ともつかない表情で、「それはまったく日本人的な発想だ。フランス人は決してそんなことは考えない」。そう口にしたのだった。小麦からつくったパンを食べ、牛を飼育して乳や肉を得るヨーロッパの人びとにとって、牧畜民の研究はお手のものであっただろう。ところが、漁民と米作民を関係づけて研究しようなどという発想は、彼らの頭のどこにもなかったのだ。

私がはじめてマリに行き、どのようにして彼らの社会に受け入れられ、どのような調査をしたかについてはすでに別のところで書いているので、ここでは省略する。ここでふれておきたいのは、私がボゾの人びとのもとで調査を進めるうちに彼らの過去に強くひきつけられるようになり、ついには発掘をするまでになった、その経緯である。

現在の制度から過去の語りへ

村に住みついて住居と食事を依頼する人を決めたあとで、私は彼らの漁の仕方を中心に調査をすることにした。彼らの漁の仕方を近くから観察するとともに、彼らの家を一軒一軒たずね歩いて、それぞれの家族がもつ漁具の数と漁法、労働人口の数、それを活用する漁場などについて、できるだけくわしいデータをとりはじめたのだ。

そうしているうちに、彼らの漁が複雑な権利関係のもとにあることがわかってきた。彼らは現在では輸入されるナイロン製の網をもちいて漁をしているが、一九六〇年にマリが独立する以前には、自分たちでコットンを編んでつくった漁具で漁をするのが一般的であった。彼らの手作りの漁具は小型であったので、それで漁ができるのは氾濫域の境界の浅瀬や川の支流にかぎられていた。そして、そういう場所には特定の持ち主がいて、そこで漁をおこなうには持ち主の許可と、捕れた魚の一部の支払いが必要だということがわかってきたのだ。

このような河川や氾濫域の一区画を占有する権利は村人の誰もがもっているわけではなく、それを保有するのは特定の家系の最年長の男であった。彼はボゾのことばでジー・トゥー、「水の主」と呼ばれ、供犠をおこなったり、漁の開始時期を決定したりするほか、村の各種の寄りあいで最後に発言をする権利ももっていた。しかし奇妙なことに、植民地期から独立を経て現在にいたるまで、中央政府との関係をとりもつ行政の長は別のボゾの男であったのだ。

このように、伝統的な権威と近代的な権威、宗教的な権威と政治的な権威とが分割されている理由はなぜなのか。そもそも、それらの権威が村の一部の人間に独占されている理由はどこにあるのか。それを明らかにしようとして私はさまざまな人に話を聞いてまわったのだが、そのうちに、それらの権威や役職の配分が村の創設の歴史と密接に関係していることがわかってきたのだ。

多くのボゾの人びとが口にする歴史語りによれば、「水の主」になるのは村に最初に住みついた人間の男系の子孫であり、そのうちの最年長の男である。彼がその権利をもっているのは、その先祖が村に住みつくにあたって、ニジェール川のなかに住み、ニジェール川の真の主人と考えられている「水の精霊」から直接に許可をもらったためであった。そしてその対価として、彼は「水の精霊」に対して、毎年供犠をするなどの義務を負っているのだ。

そのような村の創設からずっと後になって、フランスの支配がマリ全土におよんだとき、植民地政府から派遣された役人がやってきて、税金の徴集と強制労働を管理する人間が必要だと命令した。

図16　ニジェール川の支流を簗でせき止めておこなうジェネ漁。この漁をおこなうにあたっても、「水の主」への漁獲の3分の1の支払いが必要だ。

「水の主」はボゾの人びとの長であったが、彼はすでに「水の精霊」につかえているのだから、新しくやってきた人間につかえるわけにはいかない。こうして彼は、自分の伝令のような役をつとめていた男を行政府との連絡係に任命し、後者がのちに力をもつようになって、村長の地位についていった。しかも、こうした経緯と役職の分担は、私が調査をした十あまりの村々で共通していたのだ。

このような過程を明らかにできたことは、私に大きな喜びを与えてくれた。というのもそれは、いつとも知れぬ遠い過去にさだめられた人びとのあいだの約束が、文書もないままに今日まで伝えられて人びとの行動を規制していること、そして植民地支配と、それからの独立、新政府の樹立といった一連の歴史的過程を、彼らが自分たちの固有の制度と折りあいをつけながら生き抜いてきたことを示していたからだ。植民地支配がはじまってからでも百年が経過しており、村の創建はそれよりずっと古い、何百年も以前のことであるはずであった。にもかかわらず、そうした遠い過去の出来事が今なお語り伝えられ、しかも多くの人びとが今にいたるまでそれを受け入れながら生きているということが、私にある種のめまいと感動を与えたのだ。

私を深く魅了したのは、過去の出来事を記憶しつづけようという人びとの意思であり、それが制度に結実して何百年ものあいだ生きられてきたという時間的な幅であった。もちろん「水の主」の家系がつねにおなじであったとはかぎらず、途絶や簒奪があった可能性はある。とはいえ、制度そのものはおそらく数百年、あるいは千数百年の時間を生き延び、語りつがれてきたのだろう。

そのほかに彼らはなにを過去から語りついできたのか。今では記憶から失われてはいるが、アフリカの大地のなかに蓄積されているであろう彼らの過去、アフリカの人びとが築いてきた過去とはどのようなものなのか。そうした問いを、フィールドワークを通じて明らかにしていきたい。私はそう考えるようになったのだ。

マリで生まれた文明と数字の上の貧しさ

私が西アフリカの過去に関心をもつようになった理由はもうひとつあった。

私がはじめてマリで調査を開始した一九八一年に、マリのひとりあたりの年間所得は二百ドル以下、世界の最貧国のひとつであった。それで、マリに行く前には、これほど貧しいのであればどんな生活が私を待ち受けているだろう。村に入ったなら、住むところも食べるものも十分にはないのではないか。そう不安に思っていたものだ。

たしかにマリの首都バマコに着くと、大勢の人びとが道路のわきで寝泊まりしていたし、大きな商店の棚にも商品がならんでおらず、貧しさが支配しているように思われた。ところが、いったんニジェール川内陸三角州の村に入ると、少しも貧しさは感じられなかった。人びとは地元でとれる魚や米を食べ、土を干してつくった日干しレンガ製の丈夫で中庭のある家に住み、自分たちで栽培したコットンを織ってつくった衣服を着て暮らしていたのだ。

衣食住がすべてそろっているのだから、こういう社会が貧しいはずはない。数字上のマリの「貧しさ」は、経済学が生み出したトリックであることがわかってきた。外国から食料やコットンを輸入し、それを食べたり、それを織った布を商店で購入したりすれば、経済統計上の数字は大きくなっていく。しかし、すべてを自分たちでまかなうことができたなら、統計上の数字としてはあらわれてこないので、「貧しい」社会として位置づけられてしまうのだ。

このことは、逆からいえば、マリの人びとはすべてを自給可能な農耕システムや、繊維業、建築技術、鉄製造などを発達させていたので、近代化の波がもうれつな勢いで押し寄せてきたにもかかわらず、かなりの抵抗力をもってそれに抗してきたということだ。その意味では、マリは疑いなく「豊かな」国であったのだ。

この「豊かさ」は、現在のマリの土地に住んでいた人びとが、自然環境や外部世界との相互交流を通じて長い時間をかけてつくりあげたものであったに違いなかった。それがどのようにして形成されてきたかを、長期的な視点から明らかにしていきたい。そう考えるようになったのだ。

文字を使わなかった社会の歴史語りの特徴

私はそのときまでに何十人ものボゾの人びとに会って、彼らの語る一族の過去や村の過去について聞いてまわっていた。しかしそのとき以降、調査の範囲を拡大して、村のなかのさらに多くの人びとや他の村の人びとにも話を聞いて歩くようになった。私がたずねると、彼らは遠い過去に実際にあったことだと断言しながら話してくれるのがつねだった。しかし私には、彼らの話にはつねに奇妙な変形がふくまれているように思われていた。

たとえばどのようなものか。ひとつ例をとりあげよう。つぎの語りは、村の歴史について話してくれと私の大家にたのんだときに、即座に答えてくれた話の一部である。十九世紀の後半にフランス植民地軍に押し出されるようなかたちで大西洋沿岸のセネガルからマリに移動してきた、トゥクロール国家による地元民への攻撃に関する語りだ。

かつて、ティジャニに率いられたトゥクロールの軍隊がジャファラベに攻めてきた。しかしボゾの有名な呪術師、ラカニ・シネンタがオオギヤシのうえに黒い牛をのぼらせ、そこで供犠をおこなうと、たちどころに村は消えてしまい、トゥクロールの軍隊はむなしくさまようばかりだった。そして彼らが去ると、ふたたび村はあらわれたのだ。こうしたことが数度くりかえされたため、とうとうトゥクロール軍はジャファラベを支配することをあきらめた。

今日にいたるまで、この村はいかなる力にも屈したことがないのであって、マリ共和国の初代大統領モディボ・ケイタもジャファラベをおとずれようとしたが、その前に失脚してしまったのだ。

なんとも奇妙な話だ。オオギヤシのうえに牛がのぼるはずはないし、呪術によって村が消えるはずもない。それに加えて、今から一五〇年ほど前のトゥクロール軍の攻撃と、一九六〇年の独立直後にこの村をおとずれようとした初代大統領の行動とが、大真面目に結びつけられて語られているのだ。

この語りが、夢とおなじような構造をもっていることは明らかだろう。さまざまな出来事や人物が登場するにもかかわらず、それらはすべて夢とおなじように、視点を統一する主体としての私（ここでは私の村）に結びつけて語られていること。夢には否定形がないことがしばしば指摘されているが、この語りのどこにも否定形はなく、誰がどうしたと行為をつなげていくことで語りが構成されていること。そして、一五〇年前の出来事と直近の出来事とを直結させようとする語りの圧縮。フロイトが明らかにしたように、これも夢の固有の特徴のひとつなのだ。

一方、客観化可能な事実についていえば、内陸三角州におけるトゥクロール軍による攻撃が一八六〇年代におこなわれたことがフランス側の文書から確認することができる。そしてその文書は、トゥクロールの攻撃を避けるために多くの住人が村を捨てて逃散したことを明記しているのだ。

おそらく人間は、さまざまな出来事について記憶しつづけ、語りつづけようという欲望をもっているのだろう。ところがその語りの欲望は、人間の意識をいやおうなく拘束している無意識的構造（それは夢のかたちで明らかにされるものだ）による支配にさらされており、それによってつねに変形される可能性がある。人びとが語る語りを額面通りに受けとることができない理由はそこにある。そのため、彼らの語りをほかのなんらかの手段によってチェックしていかないかぎり、それは多くの人びとが共有可能で、批判的な書き直しが可能な「歴史」になっていくことはできないのだ。

私は内陸三角州の十以上の村をおとずれて漁民や稲作民を中心に歴史語りを聞いてまわったが、その過程で明らかになったことは、口頭伝承にたよるだけでは二世紀以上前の歴史を再構成することはできないということであった。もちろん記憶を固定する手段をもつ社会であれば、その限度をさらに先に進めることは可能であろう。それでも、そこに限度があることは明白であった。西アフリカの過去をさらに深く理解したいと願っていた私は、ある種の袋小路に突きあたっていたのだ。

第二章　古文書と発掘　西アフリカ史研究の二つの方法

困難の前に立ちすくむ

口頭伝承の研究に限界を感じた私は、アフリカの歴史を新しい視点からとらえるための方法について考えはじめた。アフリカの多くの社会は無文字社会であったので、近い過去ならともかく、遠くの過去を明らかにしてくれる文書の数はかぎられている。しかも、それらはすでにさまざまな解釈の対象になっていたので、そうした文書にたよっていたのでは、アフリカ史の理解をさらに進めることが不可能であることは目に見えていた。であれば、みずから新たなデータを発掘して、理解を前進させていかなくてはならない。そう考えたのだ。

そのときの私には二つの可能性があるように思われた。ひとつは、これまでに活用されていないアラビア語文書を見つけて、読み込んでいくことだ。西アフリカ、とくにマリは古くからイスラーム化が進んでいたので、私が内陸三角州の村々で口頭伝承を求めて歩いていたときにも、どの家はアラビア語で書かれたタリフ（歴史書）をもっているとか、どの村に行けばそのような文書が手に入るはずだとかいう噂はしばしば聞いていた。であれば、これからアラビア語を勉強するのと並行して、それらの村をまわって古い時代の文書をたずねて歩いたなら、西アフリカ史の理解に新たな

図17　トンブクトゥにある資料館のひとつ。この都市には多くのアラビア語古文書が残っており、それをおさめるためにいくつもの資料館が建てられている。

光を与えることができるかもしれない。

その一方で、予想される困難もまたきわめて大きなものであった。今から一からアラビア語の勉強をするのはたいへんだと思われたし、それに加えて、内陸三角州の村々をたずねて歩いたとしても、未発掘の文書を発見できる可能性がどれだけあるかはわからなかった。また、たとえ文書があったとしても、その持ち主が私に見せてくれるかどうかは予測できなかったし、その文書に未知の過去への言及があるという保証もなかった。さらに加えて、手書きの原稿、しかもアラビア語で書かれたそれを解読する困難は、私が考えているよりずっと大きいのではないかと予想された。まったく勇気を打ち砕くような困難の大きさであったのだ。

アフリカ史理解のためのもうひとつの可能性は、古い歴史のあるニジェール川中流域で考古学の発掘をおこなうことであった。私はそれまで考古学を学んだこともなければ、アルバイト等で発掘にたずさわったことも一度もなかった。私にとって考古学は無縁な世界であったのだ。しかし、経験のある考古学者の発掘につきそって、その発掘を近くで見たり質問をくりかえしたりしていくなら、私にも考古学の技法と知識がそなわっていくかもしれない。そして、そのような経験を積み重ねていったなら、いつかは私もひとりで発掘ができるようになるかもしれない。それによって、これまで知られていなかった西アフリカの過去を明らかにすることが可能になるかもしれない。

このように発掘に対する期待は大きかったが、予想される困難もまた期待におとらず大きなものであった。私には考古学の知識がまったくなかったばかりか、そもそも西アフリカ考古学によってどのような成果があげられているかということさえほとんど知っていなかったのだ。アフリカ史の講座もなければアフリカ考古学の講座も存在しない日本では、手にすることのできる文献の数はきわめてかぎられていた。文献がなければ情報を得ることができない。どの国のどの大学に、どういう研究をおこなっている研究者がいるか。彼らはこれまでにどのような成果をあげ、そのことによって世界の西アフリカ史理解はどのように変わってきたか。それを知るためには多くの文献にあたることが必要なはずだが、とにかくそうした研究のスタートラインに立つことさえ日本ではほぼ不可能だったのだ。

人文科学研究所の図書室にこもる

当時、京都府立大学につとめていた赤阪賢さんがプロジェクトにさそってくれたのはそのようなときであった。そのおかげで、私はマリをふくめた西アフリカの国々で自由に調査をすることができるようになった。そこで、そのうちの一ケ月をマリの首都バマコでの文献調査にあてることにしたのだ。

バマコには人文科学研究所という国立の研究施設があり、そこには欧米の研究者が寄贈したマリの歴史関係と考古学関係の本が五段の本棚ひとつ分存在した。その大半が、アフリカ史とアフリカ考古学の講座が存在しないわが国では目にしたこともない貴重な資料であった。実際に発掘をするしないは別として、それらの本を読むことはマリの過去を解明するのに有用であるように思われた。それで、私は人文科学研究所の図書館にこもって、朝から晩まで資料を片っ端から読んでいったのだ。

それらの資料のなかでもとりわけ興味深かったのが考古学関係の資料であった。そこにはマリに関するだけでも五十点ほどの書籍と論文があったが、それを読み込んでいくと、いくつかのことがわかってきた。マリは日本の三・五倍の面積のある大きな国であるにもかかわらず、そこをフィールドとしている考古学者は世界中で十人もいないこと、そして、毎年おこなわれる発掘は三、四件でしかないことである。であれば、マリには未開拓の研究テーマがたくさんあるに違いない。チャンスさえあれば、ずぶの素人である私にもかなりのことができる可能性があるのではないか。根っから楽天的な私はそう思ったのだ。

このあとの記述と関係してくるので、マリを中心とした西アフリカの過去について、考古学の発掘によってどれだけのことがわかっていたか、そしてアラビア語の各種資料はどれだけのことを明

図18　古い時代の土器片が点在しているジェンネ近郊のジェノ遺跡の表面。この遺跡では1970年代末から発掘がおこなわれ、過去の西アフリカの理解を一新した。

らかにしていたかを、簡単に整理しておこう。まずは、一九八〇年代に発表されて、西アフリカの過去の理解を一変させたジェンネ・ジェノ遺跡での発掘の成果である。

ジェノ遺跡での成果

西アフリカでもっとも長い歴史をもつ古都ジェンネの南東にジェノと呼ばれる遺跡がある。広さ約一キロメートル四方の、一面に土器片が散らばっている遺跡である。ジェンネの人びとによれば、現在の地に移住する以前に、彼らの先祖が住んでいた町のあとだという。ここで一九七〇年代以降、アメリカのマッキントッシュ夫妻の手で発掘がなされたことによって、それまで知られていなかった西アフリカの人びとの過去の暮らしが明らかにされたのだった。

彼らの研究によれば、この遺跡での人間の居住は紀元前三世紀までたどることができる。それ以上さかのぼることができないのは、ニジェール川が今日より多くの水を運んでいたそれ以前の時期には、内陸三角州は大きな湖のようになっており、大規模な人間の居住が困難であったと考えられるためだ。

遺跡の最古の層である紀元前三世紀—三世紀の第I—II期に、すでに人びとはグラベリマ稲を栽培し、魚を捕り、牛や羊／山羊などを飼育して暮らしていた。また、鉄を製造した際にできる副産物のスラグが発見されているが、粘土質である内陸三角州には鉄鉱石や砂鉄が存在しないので、鉄の原材料はその域外から運ばれていたはずであった。一番近い鉄の産地まで三百キロメートルほど離れていることを考慮するなら、これほど遠い過去の時代に活発な地域間交易がおこなわれていた証拠として、興味深い発見だ。

四—八世紀の第III期になると、ジェノの人びとの活動はさらにダイナミックになっていく。稲作、漁業、牧畜がさかんにおこなわれていただけでなく、それに従事した人びとは中心の町を出て、周囲に衛星状に点在する集落にわかれて住むようになったようだ。また、製鉄に従事する鍛冶屋と、その妻女がおこなったと考えられる土器作りもさかんであり、人間や家畜をかたどったテラコッタ像も数多くつくられていた。この第III期の終わりになるとジェノの町は大きく拡大し、人口一万五〇〇〇の現在のジェンネ市とおなじだけの広がりをもっていたと推測されている。

八―十二世紀の第Ⅳ期になっても、町の主要産業や規模に大きな変化は生じなかった。その反面、町の周囲に城壁が築かれるようになっており、戦争や人の移動があいついでいたことが推測されている。また、破壊されたり、手足をもがれたりしたテラコッタ像が町の城壁の外から多数見つかっているが、これはイスラーム化の進展にともない、それまで崇拝の対象であったこれらの像が廃棄されたものと解釈されている。

そして十二世紀以降になると、町は成長をやめ、むしろその規模は縮小しはじめている。おなじ土地での居住を長くつづけると、水質の悪化や腐敗物の堆積などによって環境悪化が生じることが世界中で観察されている。おそらくそうした理由によって、人びとはこの地を放棄して、現在のジェンネの土地への移住を開始したのだろう。

この発掘の成果が興味深いのは、一五〇〇年という長期のタイムスパンにわたって人びとの暮らしぶりを如実に示している点である。西暦紀元前後という早い時期に、数百キロメートル離れた地点をむすぶ交易がおこなわれていたこと、それからまもなく、農業、漁業、牧畜、鉄製造などが一層発展し、職業別に異なる集落に住むほどの職業分化があらわれていたことが、明らかにされているのだ。

職業分化と交易の活発化は、経済発展のひとつの指標といえる。ジェノ遺跡をふくむ内陸三角州が、今から千数百年も前にかなりの経済発展を実現していたこと、そして一万人を超えるほどの定住人口を維持することができていたことを、この発掘は明らかにしてきたのだ。

考古学発掘の意義

この発掘以前に熱帯アフリカの各地でなされた考古学的研究は、石造りの建造物や広範囲の住居跡が見られる土地など、都市の発掘が主であった。しかし、それらの土地の多くはアラビア語の文字資料でも言及されているので、熱帯アフリカにおける考古学的研究は、文字資料の分析の学としての歴史学のいわば補助学問にとどまるケースが多かった。これに対し、この発掘は、これまで文字資料がなにも語ってこなかった地域と時代の、なにも語ってこなかった普通の人びとの暮らしぶりを明らかに示したという点で、まったく画期的なものであったのだ。

実際、この発掘がおこなわれる以前には、西暦紀元前後の西アフリカで、農業や漁業、牧畜、製鉄などがかなりの発展を実現していたことを明らかにした研究は存在しなかった。また、その時代からすでに地域間交流がおこなわれ、やがて職業分化や都市と呼べるような定住人口の増加がもたらされていたことを推察させる文字資料はどこにも存在しなかった。その意味で、ここでの発掘が明らかにしたことは、私たちのアフリカ史理解にまったく新しい光を投げかけるものとなったのだ。

その一方で、これらのデータは別の興味深い事実を示している。ジェンネ・ジェノ遺跡での発掘は、人口集中や地域間交易、職業分化といった経済発展を確認しているにもかかわらず、大規模な建造物の発見もなければ、ガラス製ビーズなどの長距離交易の産品の発見もほとんどない。こうした事実は、都市の発達は一般に長距離交易と社会的成層化に連動するという従来の通念を裏切るものであった。この点について、発掘にあたったふたりの考古学者は、この遺跡では経済発展と社会の複雑化は実現されていたが、社会的な成層化は実現されていなかったと結論づけている。そして、そうした成層化のない経済発展や社会的複雑化こそが、西アフリカのサバンナ地帯の社会の特徴だと主張しているのだ。

一方、アラビア語資料が明らかにしている西アフリカの過去は、これとはまったく異なるイメージを伝えている。それらの資料は、西アフリカにさかえた諸王国の実態と、そこで実践されていたイスラームや長距離交易のあり方に焦点を与えているからだ。しかもその時期は、ジェンネ・ジェノ遺跡の後期と重なっている。それゆえつぎに、比較の意味から、アラビア語資料が語る西アフリカの過去を見ていくことにしよう。

アラビア語資料が物語るもの

西アフリカがはじめて文字記録に登場するのは、九世紀前半に書かれたアラビア語の資料だ。メソポタミアで活躍した地理学者フワーリズミーが書いた書物のなかで、ガーナ、カウカウ（＝ガオ）、ザーガリーという三つの都市に言及しているのが、西アフリカに関する最初の記述なのだ。(注1)

もちろんそれ以前にも、北アフリカや中東の人びとが西アフリカのことを知らなかったはずはない。サハラの各地に残された戦車の絵は北アフリカからニジェール川までつづいているし、現在のチュニジアを拠点として紀元前六—二世紀にさかえたカルタゴが、サハラの向こう側について無知であったと考えることは困難だからだ。ところが、彼らはサハラの南側の土地や社会についてはいかなる記述も残さなかった。西アフリカに関する記述があらわれるのは、イスラームをたずさえたアラブ人が北アフリカに侵入して、都市や国家を建設した七世紀後半以降である。彼らは、西アフリカを実際におとずれた商人や学者を通じてさまざまな情報を集めただけでなく、何人かはみずからその土地まで行って、西アフリカ研究者にとって貴重な記述を残しているのだ。

三つの都市の名前を挙げただけで、なんの説明もしていなかったフワーリズミーに対し、その約三十年後の八七二年ごろに西アフリカに言及したヤクービーは、比較的くわしい記述を残している。

西に移動したスーダーン人は（アラビア語資料で「黒人」の意、カッコ内は著者注。以下おなじ）、いくつかの国を横切って、複数の王国を築いた。その最初の国家はカーニムという所に住むザーガリーだ。彼らの家は葦でできた小屋で、町と呼べるほどのものではない。……それからカウカウ王国があり、これはスーダーンの地でもっとも大きく、もっとも重要で強力なものだ。その王にすべての国家が従っている。カウカウとは都市の名だ。近くにたくさんの王国があり、それぞれ王をいただいているが、みなカウカウ王の権威を承認し、忠誠を誓っている。……それからガーナの王国があり、この王もとても強力だ。この国には金の鉱山があり、どこでも金がとれる。

このようにヤクービーは、当時の西アフリカにガオとガーナという強大な国家があったことについて語っている。しかし彼は、その経済や政治の実態がどのようなものであったかについてはなにも語っていない。むしろこの引用で注目されるのは、金の産地としてのガーナ国家をことさら強調

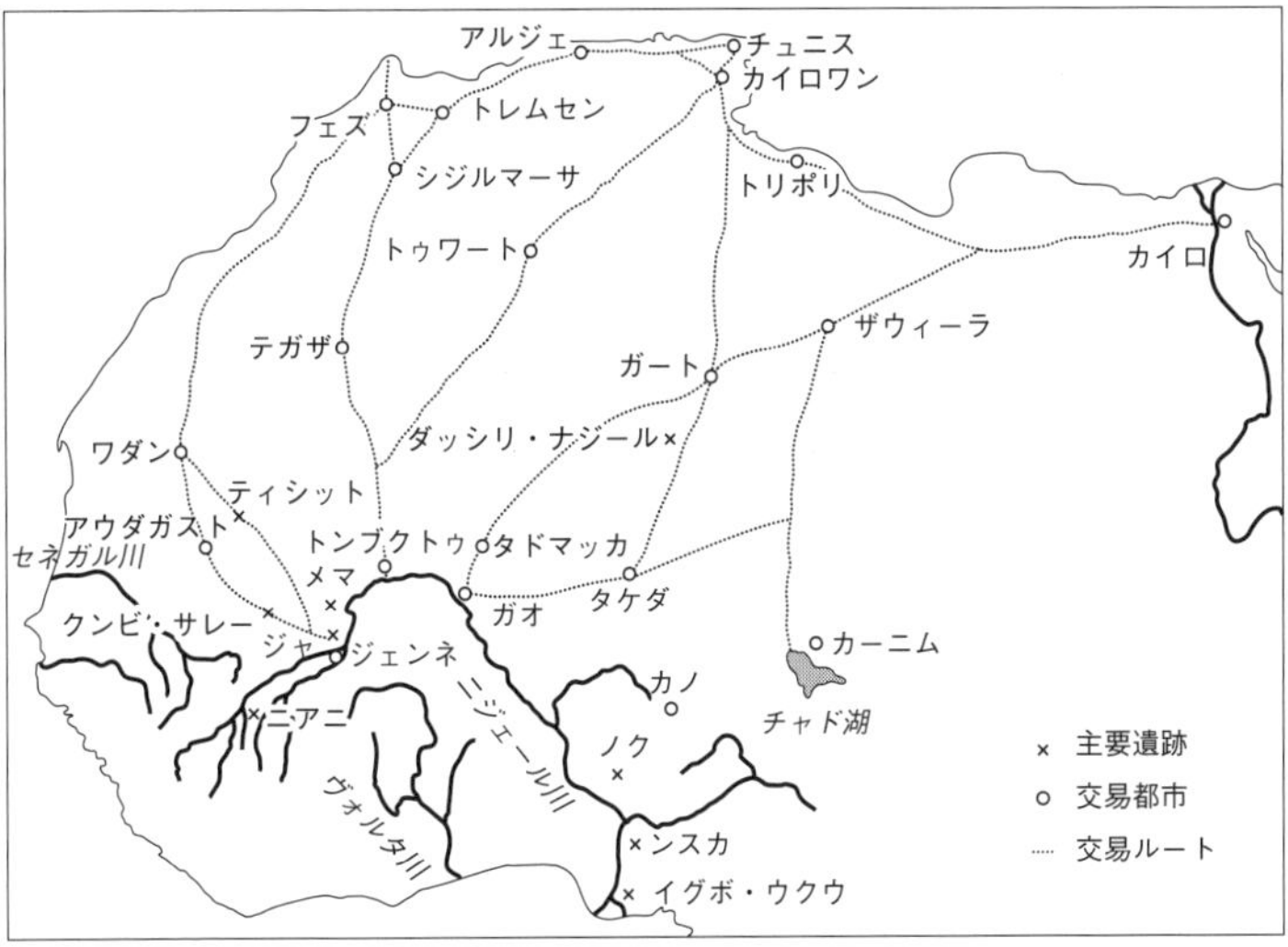

図19　8-16世紀の北アフリカと西アフリカの主要な都市とそれをむすぶ交易路。

している点だ。

西アフリカは旧大陸最大の金の生産地として知られており、多くの商人が富の獲得を求めて現地におもむいていた。まさに金があったからこそ、北アフリカや中東の人びとが西アフリカに向かったのであり、遠く離れたメソポタミアで活躍した地理家の書物にまでその記述が登場することになったのも、そこに理由があったのだ。

イスラーム世界のなかの西アフリカ

西アフリカに関する記述は、九世紀以降も途切れなくつづいている。そのことは、地中海世界の大半を掌握したイスラーム勢力にとって、西アフリカがひきつづき重要な位置を占めていたことの証拠ということができる。それにしても、当時の世界経済の一大中心であり、繁栄を謳歌していた地中海世界を掌握した彼らが、西アフリカへの関心をもちつづけた理由はなにであったのか。

それを明らかにするために、八—十四世紀の西アフリカを同時代の世界経済のなかに位置づけていこう。当時の世界の産業の最先端にあったのは中国やインドであり、そこでは高品質の織物や陶磁器、金属製品などが大量に製造され、各地に輸出されていた。また、ヨーロッパ諸国が古くから求めつづけていた香辛料や香料の生産地もアジアにかたよっていた。

ヨーロッパと地中海世界はこれらの商品の購入者であったが、アジアから経済的に遅れていたこれらの社会は、それと引きかえに輸出する商品をほとんどもたなかった。そのため、それらの社会はつねに輸入超過に苦しんでいた。そのマイナスを相殺していたのが、西アフリカから大量に運ばれてくる金であったのだ。

西アフリカの金が当時の世界経済にとってどれほど重要な位置を占めていたかは、サハラ砂漠のシジルマーサなどで製造された金貨が、スカンジナビア半島の遺跡から何枚も発見されているという事実で知ることができる。スカンジナビア半島は当時のヨーロッパの辺境であったが、そこまで西アフリカの金は流通していたのだ。

もし西アフリカの金がなかったなら、ヨーロッパや地中海世界から金貨や銀貨が流出しつづけ、貨幣を失ったその経済は停滞を余儀なくされていたに違いなかった。何人かの研究者はそう主張しているが、そのことばがけっして誇張ではないほど、西アフリカが産出する金は当時の世界経済を循環させるためのいわば血液であった。そしてそれを確保することが、イスラーム世界の繁栄と安定を持続させるためには不可欠であった。西アフリカへの関心がつづいたわけだ。

バクリーによる西アフリカ（一〇六八年）

その後、十―十一世紀になると、西アフリカに関する記述は質量ともに格段に進化していく。その背景には、西アフリカの金がイスラーム経済にとってますます重要になり、多くの商人が北アフリカから西アフリカにまで入り込んで、商業活動にはげんでいたことがあげられる。西アフリカは、洋の東西をむすんで世界経済のかなめ石となっていたイスラーム経済のなかにしっかりとはめ込まれ、その不可欠のピースになっていたのだ。

ここで、一〇六八年に『諸道と諸国』をあらわしたバクリーの記述を見ておこう。彼のガーナ王国とガオ王国に関する記述は、西アフリカに関する記述のなかで最良のもののひとつだからだ。

バクリーによれば、ガーナとは国の名前ではなく、国の王に与えられた称号である。ガーナの首都はふたつの都市からなっており、ひとつはムスリム商人が住む広大な商業都市で、七つものモスクが建っていた。そしてそのひとつひとつに、イスラームの指導者であるイマームと判事、学者、礼拝を呼びかけるムッザーンがいたという。

一方、王の住む都市はそこから六マイル離れたところにあり、「アル・ガーナ」と呼ばれていた。王が死んだ後に埋葬される「聖なる森」を意味することばである。王都にもひとつのモスクが建てられ、大臣の多くと通訳などの高官はムスリムであった。しかし、王をはじめとして王都に住む住人の多くは非ムスリムであり、伝統的な宗教にしたがっていた。

王は必要とあれば二十万の軍勢を動かすことができ、そのうちの四万は弓の射手であった。それほどの軍勢がいたというのも、王は金をはじめとするさまざまな商品の取り引きで莫大な富を得ていたためだ。ガーナの勢力範囲でとれた金のうち、砂金は各自が自由に処分することができた。しかし、金塊はすべて王のものとされ、王に献上されることになっていた。そのほか、北のサハラ砂漠のなかの塩山から運ばれてくる塩が、ロバ一頭につき一ディナール（金貨）、出ていく塩に対し二ディナールが徴収された。また、輸入される銅に対しては五ミスカル（約二一グラム）、その他の商品に対しては十ミスカルを徴収することで、王は莫大な富を得ていたというのだ。

この記述で注目されるのは、金と商品の交易を支配したガーナ王国の豊かさであり、王権が伝統的な権威とイスラームを介して得られる利潤の双方に依拠していた点だ。おそらくガーナ王国の住人の大半は非ムスリムであったので、彼らに支えられていた王はイスラームに対してつかず離れずの姿勢をとることが求められていたのだろう。それを如実に反映していたのが、王の都とムスリム商業都市のふたつが一定の距離をおいて併存していた首都の構造であったのだ。

バクリーによるガオ

首都が双子の都市からなっていたことは、ガーナと並んで西アフリカ最古の国家であるガオにおいても強調されている。バクリーによるガオの記述も見ておこう。

この都市はふたつの都市からなっている。ひとつは王のための都市で、もうひとつにはムスリムが住んでいる。王はカンダと呼ばれている。人びとの衣服は他のスーダーン人とおなじで、長い外衣と、皮その他の材料でできた下着とからなっている。彼らは他のスーダーン人とおなじように偶像を崇拝している。王が着席すると太鼓が鳴らされ、スーダーンの女性が髪をふり乱しながら踊る。王が食事を終えるまで、都の住人の誰も商売をおこなうことができず、王の食事の残りはナイル川（＝ニジェール川）に捨てられる。このとき給仕が大声を出すので、王が食事を終えたことがわかるのだ。

王が王位に就くときには玉璽と剣とコーランが与えられるが、後者はカリフから贈られたものだということだ。王はムスリムであるが、それはムスリムだけが王位に就くことができるためだ。彼らがカウカウという名で呼ばれているのは、彼らの太鼓がそのような音を立てるためだ。……ガオの人びとは塩の交易をおこない、それを貨幣としてもちいている。

ガオの王がムスリムであることが明記されているにせよ、食事に関する非イスラーム的な慣習が示唆しているように、彼もまたガーナの王とおなじように非イスラームとイスラームの二重の権威の上に依拠した存在であった。しかし、それ以上に興味深いのは、富と繁栄を詳細に記述していたガーナに対し、ガオの記述は対照的といえるほどそっけないことだ。ここには金も登場しなければ、交易のにぎわいも、七つのモスクが立ちならぶ都市の壮麗さも登場していないのだ。

その理由は、十一世紀はじめにアラブ系のヒラル遊牧民の侵入が引き起こした混乱によって、ガオとエジプトをむすぶ交易路が危険にさらされていたことにあった。バクリーが書いた十一世紀半ばのガオは、おそらく金の主要な交易ルートから遠ざけられ、かわってガーナが繁栄を謳歌していたのだ。

イブン・バットゥータによるマリ帝国

もう一件、アラビア語資料が語る西アフリカの記述をとりあげよう。多くの文書が、自分では西アフリカに行ったことがなく、現地をおとずれた商人などからの聞き書きをもとにしているのに対し、これは実際に西アフリカに足を運んだ偉大な旅行家の手になるものだからだ。彼の名はイブン・バットゥータ、イスラーム世界最大の旅行家である。

一三〇四年に北部モロッコのタンジールで生まれたイブン・バットゥータは、一三二五年、二十一歳の年に一念発起して旅に出る。メッカ巡礼がその目的であったが、新たな出会いと知識の獲得をめざす彼の旅は都合二十四年におよぶことになった。翌一三二六年にメッカについたバットゥータは、数年をそこで過ごしたあと、東アフリカ、南ロシアを経てインドに入る。そこで法官として九年を過ごした彼は、ベンガル、スマトラを経て、中国の泉州に達したのちに、一三四九年に故郷のモロッコに戻る。ところが彼は休む間もなく、スペインとマリ帝国の西アフリカへと旅だったのだ。

当時知られていた世界の大半を直接に見知っていたバットゥータが、西アフリカで繁栄を誇っていたマリ帝国をどう見ていたか。それは、私でなくとも興味深いものだろう。最初にとりあげるのは、イスラームの祭りの情景だ。

二度の祭りの日の午後、王は高壇の上に座る。護衛たちは手に手に素晴らしい武器をもってやってくる。黄金の刀剣や同じ材質の鞘、黄金と銀の槍、クリスタルの鉾などだ。王のそばには四人の高官がおり、銀製の鐙のようなものを手にしながら蝿を追っている。何人かの総督や法官や説教師は、慣例にしたがって着席している。

ドゥーガと呼ばれる通訳が、四人の妻と女奴隷を連れてやってくる。彼女たちは百人もいて、華麗な衣装を身にまとい、金や銀のバンドを頭に巻き、金や銀の髪飾りをつけている。ドゥーガのために席がもうけられ、彼はひょうたんのついた楽器をかき鳴らしながら、王の武勲や遠征をうたいあげる。彼の妻と女奴隷たちがそれに唱和し、弓を使って戦いをまねる。そのわきには三十人あまりの、朱色の外衣を着た男の奴隷がいる。彼らは白い帽子をかぶり、太鼓を抱えながら打つ。それから若いお供が来て、踊ったりスィンド人のように宙を舞ったりする。まことに巧みでエレ

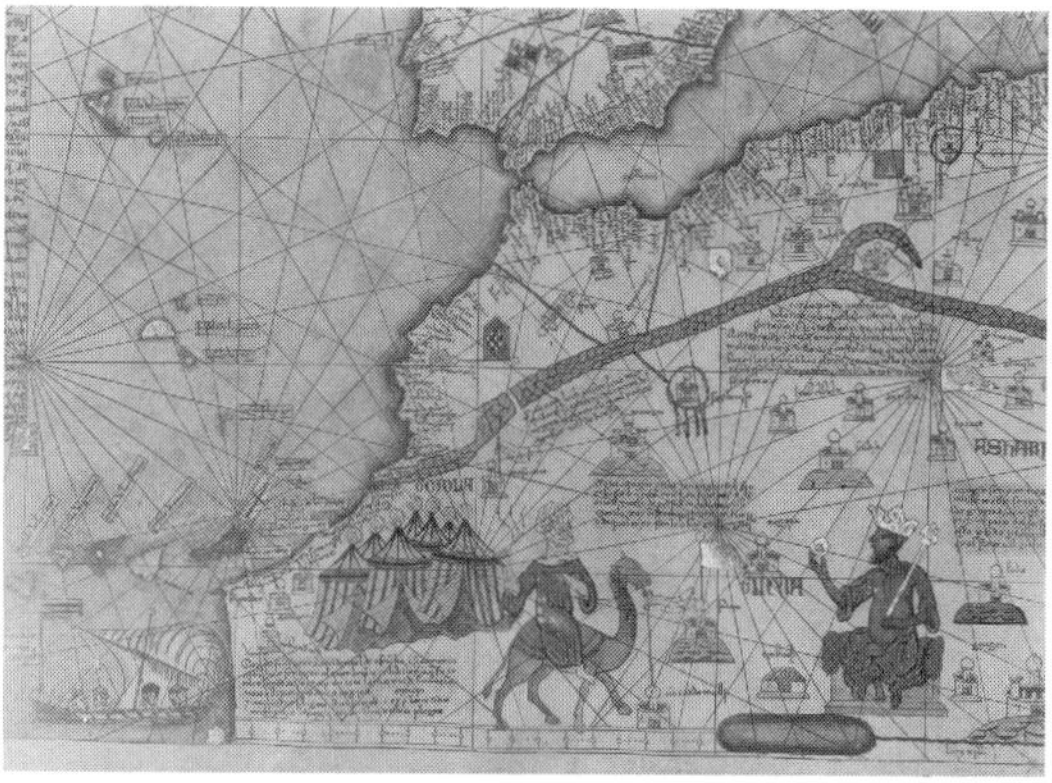

図20　1385年にマヨルカ諸島で描かれた北西アフリカの地図。金塊を手にしたマリ帝国の王が砂漠の交易者とともに描かれている。（写真提供：Getty Images）

ガントなわざだ。

まるで実際の光景が目にうかんでくるかのような、臨場感にあふれた描写だ。バットゥータの西アフリカの記述は、ニジェール川ではじめてカバを見たことや、木の洞のなかで布を織っている職人を見て驚いたことなど、多くの逸話に満ちている。しかし、それらの逸話は当時のアフリカ社会を知る上では重要ではない。むしろ、イスラーム世界の端から端まで歩いていた彼の目に、マリの人びとがどう評価されていたかを見ていこう。それを知ることは、比較社会学の観点から見て興味深いからだ。

彼ら（マリ人）の美徳のひとつに、不当な行為がないことがあげられる。彼らはそうした行為からもっとも遠い人びとであり、王は誰であれそうした行為をすることを許さない。もうひとつの美徳は安全なことであり、旅行者であれその国の住人であれ、強盗や盗みに遭う心配がない。さらに別の美徳として、彼らのもとで白人が亡くなったとき、その遺産がどれだけ多くても手を出さないことがあげられる。それが正当な相続人の手に戻るまで、彼らは信用のおける白人に預けておくのだ。それから、彼らがイスラームの教えをよく守り、人びとのあいだでそれを実行することを心がけ、それを守らせるために子供を打つということもある。……

彼らの不徳の行為をあげると、女奴隷や侍女や小さな子どもが素っ裸で、陰部も隠さずに人前にあらわれることだ。……また、彼らの礼儀作法として、（謙譲をあらわすために）泥や砂を身にかけるのもとがめられるべき点だ。先に述べたように、詩人たちが朗唱しながら滑稽な身振りをすることや、彼らの多くが腐った肉や犬やロバの肉を食べることも、悪しきことだ。

古文書が伝えるものと、発掘が明らかにするもの

バットゥータが語っているような、西アフリカ社会の治安の良さと人びとの秩序意識、そしてイスラームの教えと交易に対する熱意は、この時代に西アフリカについて語った多くの人びとが言及するものであった。イスラーム世界の最西端に位置していた彼らは、北アフリカや中東から来た人びとが目を見張るような熱心さで、新しい文物と宗教的教えをとり入れようとしていたのだ。

これらの文書は、西アフリカの過去について多くのことを、しかも大局的な観点から教えてくれている。とくに王国のあり方や交易の実態、イスラームの受容のされ方などについては、外国人である彼らの関心事でもあったことから、詳細な説明をおこなっている。その意味で、これらが西アフリカ史研究のための第一級の資料であることは疑いない。反面、それらを読み込んでいくうちに、私にはそこにひとつの限界があるようにも思われてきたのだった。それらの文書は、現地の人びとが実際になにを食べ、どのようなかたちで農業や手工業をおこない、どのような仕方で社会を運営していたかについては、ほとんどなにも語っていないのだ。

これらの点について補ってくれるのは、やはり考古学の発掘なのではないか。とりわけ、ジェンネ・ジェノ遺跡での発掘が明らかにした成果は、私たちの西アフリカ史の理解、さらにいえば私たちのもつアフリカ像を、根底から変えるようなものになっているのではないか。しかもそれは、過

去の人びとの生活や産業のあり方を如実に再現しているという点で、私が専門としてきた文化人類学がめざしているものとも大きく重なっている。

バマコの人文科学研究所で資料を読みあさっているうちに、私のなかで考古学研究への期待が大きくふくれあがっていったのだった。

（注1） 今は失われたファザーリーの文書に、ガーナとガオの記述がある。それは八世紀末ないし九世紀初頭に書かれたとされており、マスーディーが九四七年ごろに書いた書物で引用しているものだ。その引用が正確であるとすれば、西アフリカに関する最初の記述は八世紀末—九世紀初頭にさかのぼることになる。

第三章　国境の町で、発掘を開始する

マリの考古学者テレバさんとの出会い

私がマリの考古学者テレバ・トゴラさんとはじめて会ったのは、この一九九八年のことだった。バマコの人文科学研究所の図書室に籠って考古学関係の書物を片っ端から読んでいた私を、おそらく同業者と思ったのだろう。例によっての早口で、お前はどこの人間だ、マリの考古学に関心があるのかとたずねてきたのだった。背が高く、のちにわかったことだが関心あることに対しては遠慮というものをしない彼は（この点でも彼と私はよく似ていた）、正面から問いをぶつけてきたのだった。

当時の彼は人文科学研究所の考古学部門長として、一年の半分を発掘に明け暮れるような生活をおくっていたのだから、図書室で出

図21　発掘にあたるテレバさん（左）。私の考古学の師匠である。

会ったのはむしろ奇遇といえた。彼の問いに対し、私は考古学者ではないこと、しかし西アフリカ史を専門にするつもりなので、マリの考古学に大きな関心をもっていることを伝えた。すると彼はさらに、どのようなテーマに関心をもっているのかと畳み掛けてきたので、私はそれまで漠然と考えていたことを口にしたのだった。考古学的調査をしたいとは思っていたが、そのための手掛かりを欠いていた私にとって、彼との出会いは僥倖以外のなにものでもなかったのだ。

それまで文化人類学的なフィールド調査をおこなっていた私が、考古学研究へと大きく方向転換をするきっかけになったのはこの出会いであった。西アフリカでもっとも豊かな歴史をもつマリで発掘調査を重ねることによって、アフリカ大陸の遠い過去を明らかにしていく。そこからさらに、世界史のなかでアフリカが占めてきた位置、そして世界史がアフリカに対して与えてきた位置を問い直していく。この十五年来私が従事してきた研究の方向性は、この出会いによって生まれ、確立されていったのだ。

アフリカ固有の稲オリザ・グラベリマ

私は内陸三角州の漁民や米作民のもとで調査をするなかで、漠然とではあるが、アフリカ稲の起源を解明したいと考えるようになっていた。まだ大学院生であった一九八四年に、私は京都大学が編集していた『季刊人類学』に論文を寄稿した。それはアフリカ稲に関するフランスの植物学の研究や歴史資料を読み直し、若干のフィールドワークによる知見を加えて論文にまとめたものであっ

図22　セネガル南部からコートジボワール西部までの大西洋沿岸では、マングローブ林を切り開いて水田がつくられている。そこで栽培されているのは西アフリカ原産のグラベリマ稲だ。

た。さいわい、アフリカ稲に関する研究は日本の内外でほぼ皆無であったので、論文として掲載されることになった。しかし、そこには考古学の知見は少しも加えられていなかった。その理由は、私がこの領域に無知であったこともあるが、それ以上に、世界中の考古学者のあいだでアフリカ稲に関する関心がまるで存在していなかったのだ。

アフリカ稲は学名をオリザ・グラベリマといい、西アフリカの一部にだけ存在する種である。大西洋の沿岸部からコートジボワール中部のバンダナ川までの地域だけで栽培され、北はニジェール川に沿って内陸三角州からマリの隣国ニジェール西部にまで広がっている。野生種の存在と種の多様性が確認されているのがニジェール川中流域なので、ここが栽培起源地と見なされている。

アフリカ稲の栽培に熱心なのは、ニジェール川中流域の稲作民であるマルカやソンガイと、大西洋岸に住むジョラやキシ、ダンなどの民族だ。しかし、彼らの栽培様式はまったく異なっている。内陸三角州では、ニジェール川の自然氾濫にあわせて水田をしつらえることで、年五百ミリメートルほどの少ない雨量でも栽培が可能になっている。それに対し、大西洋の沿岸部は熱帯雨林地帯に属しており、年間降水量は三千から四千ミリメートルに達している。ここでは稲作民は、海岸べりのマングローブ林を切り開き、田のまわりに堤防を築いて雨水をため、それを排水することで土のなかにふくまれている塩分を洗い流す。そうしたのちに、雨水だけにたよって稲作をおこなうのだ。

こうしたアフリカ稲の栽培起源については、一九五〇年代に植物学的な調査をおこなったフランスのロラン・ポルテールの研究がある。彼はグラベリマ稲の民族名称を何十と比較することで、内陸三角州での栽培開始を紀元前二〇〇〇年ごろ、大西洋岸への到達を紀元前後と推測していた。ところが、考古学的研究に関するかぎり、最古の稲は内陸三角州で発見された紀元前後であった。それゆえ、ポルテールの推測とは二千年ほどのへだたりがある計算になる。私としては、どこかにあるはずの最古のグラベリマ稲を発掘によって発見したい。そう初対面のテレバさんに話したのだ。

「おもしろい」。彼はにこりともせずにそういった。「おもしろい企画だ」。あとで親しくなるにつれてわかったことだが、シャイでせっかちな彼はすぐに人と打ち解けるようなタイプではなかった。ともあれそれ以降私たちは時々会って、計画を煮詰めていったのだった。

奴隷が運んだアフリカ稲

このアフリカ稲については興味深い話がある。アメリカ合衆国がまだイギリスの植民地だった十七世紀の後半に、南部のカロライナ州などでは稲作がさかんにおこなわれていた。南部でのコットンの栽培がまだ開始されていなかった時期なので、稲はタバコについで合衆国の二番目の輸出品目になるほど、重要な位置を占めていた。その土地での稲の栽培様式が、西アフリカ沿岸部のそれにそっくりだったのだ。

南北カロライナ州の海岸近くの湿低地に堤防を築いて、その内側を水田とする。稲の栽培に必要な水は、天水ではなく、海水面が上昇するのにあわせて川の上澄みの真水をとり入れることでまかなわれていた。稲は塩に弱い植物なので、海岸部につくられた田からは塩分を抜かなくてはならないのだが、そのための技術や、上澄みの真水をとり入れる技法は、まさに西アフリカの沿岸部で古くからもちいられたのとおなじであった。

こうした類似を理解するには、出身の文化や社会的紐帯をすべて奪われてアメリカ大陸に運ばれてきた奴隷が、にもかかわらずアフリカ稲と稲作の技術を伝えたと考えるしかない。その証拠として、何百人もの奴隷たちが大西洋を渡る途中で食べる食料として、大量のアフリカ稲が奴隷船で運ばれていたという記録がある。さらに、傍証ではあるが、カロライナ州では西アフリカ沿岸部出身の稲作民が、他の地域出身の奴隷の倍の値段で取引されていたという記録が残っている。しかも、南北アメリカ大陸の何ケ所かで、アジア稲とは異なるオリザ・グラベリマが存在していたことが、植物学者によって確認されているのだ。

アフリカから海を越えて運ばれてきた奴隷たちが、自分たちのリズムと音楽を伝えて、ジャズやルンバなどの新しい文化を生んだことはよく知られている。それだけでなく、彼らは西アフリカで独自に栽培化され、高度に発達していた稲作の技術も伝えることで、独立前のアメリカの経済的自立に向けて大きく貢献していたのだ。

アフリカ稲の栽培起源を探求する

テレバさんとの話しあいによって、調査の目標は明確になっていった。考古学の発掘調査をおこなうことによって最古のアフリカ稲を発見すること、そしてそれを通じて、アフリカ稲の栽培起源地と栽培開始時期を確定していくことである。残る課題は、それに適した土地を選定することと、調査のための組織をつくること、そして調査資金を見つけることであった。

ポルテールがいうようにニジェール川中流域がアフリカ稲の栽培起源地であることは疑いないと思われたし、私は人類学的な調査によって、内陸三角州の多くの村々でアフリカ稲が栽培されていることを知っていた。一方、考古学関係の文献を読み進めていた私は、内陸三角州で見つかった考古遺跡がそれほど古くないことがわかっていた。ニジェール川上流の雨水によって巨大な氾濫域が形成される内陸三角州では、紀元前三世紀ごろにはじまるジェネ・ジェノ遺跡が最古であり、それより古い遺跡は確認されていなかったのだ。

しかし、紀元前三世紀というのは、ポルテールの推測と比較しても、稲の栽培開始時期としては遅すぎる。それでは、この土地に起源をもつ稲が西アフリカの広い範囲に伝えられ、多くの民族のもとで栽培化されていたことが説明できないのだ。とすれば、イネの栽培が開始されたのは内陸三角州ではなく、その周囲の湿った土地であったのではないか。私たちはそう推測したのだ。

内陸三角州のすぐ西側にはメマと呼ばれる地域があり、そこは今では乾燥地になっているが、過去にはニジェール川の支流が流れ込んで、もうひとつ別な内陸三角州を形成していたことがわかっていた。この土地は紀元前千年以前の新石器時代の遺跡がたくさん存在しているので、そこがアフリカ稲の栽培起源地である可能性があった。しかもその地域は、過去にテレバさんが遺跡の分布調査と表面採取、さらに発掘を実施した土地であった。彼は一九九〇年代のはじめに、今はケンブリッジ大学の考古学教授になっているケビン・マクドナルドとともに調査をおこない、アメリカのライス大学に博士論文を提出していたのだ。

彼の研究テーマは鉄器時代のメマの遺跡の調査であり、時期的には紀元四世紀から十五世紀にあたっている。一方、私たちのねらいは、それよりずっと古い紀元前十世紀以前になるはずであった。しかし、テレバさんは鉄器時代だけでなく、マクドナルドとともに新石器時代の遺跡の分布調査や土器分析などもおこなっていたので、知識や経験の点ではなんの問題もなかった。メマで発掘を実施するには、まさにうってつけの存在であったのだ。

考古学の知識も経験も皆無であった私にとって、マリでの発掘を導いてくれるであろうテレバさんという知己を得たことは、なにより心強いものであった。日本に帰った私は、さっそくアフリカ稲の栽培時期と栽培起源地を、人類学・考古学・農学的な観点から明らかにするというテーマで研究計画を練りあげた。さいわい、当時私のいた九州大学には、フランス留学中に知りあった形質人類学者の中橋孝博さんがいたし、稲作研究は日本でもっとも進んだ研究機関のひとつだった。彼らと組めば研究計画が通るかもしれない。実際、その年に日本学術振興会に出した科学研究費の申請は受理され、翌年から三年の予定で研究を開始することが可能になったのだ。

メマという土地

翌年十一月、私は新たな研究領域に踏み込むことの期待と不安をいだきながらマリに行った。ところが首都のバマコに着くと、まったく予期せぬ事態が生じていた。人文科学研究所につとめていたテレバさんは、新しく設立された文化省の大臣に引き抜かれて、その下にある文化財局の局長になっていたのだった。

局長というのは研究職ではなく行政職なので、それまでのように自由に発掘に行くことはできなくなる。それでは、テレバさんにならいながら考古学の技法を身につけていこうと考えていた私の思惑がはずれてしまう。しかもそれだけでなく、文化省という組織自体が「青年・スポーツ・文化省」という大きな省庁から独立したばかりなので、なにもなかった。テレバさんのいる建物があるだけで、局長の移動に必要な車もなければ、発掘調査のための道具もなにひとつなかった。発掘をするには、現地で作業員を指揮して実際に掘り、層位や土器のデッサンを描いてくれる技官が必要なのだが、それもいなかった。とにかくゼロから出発しなくてはならなかったのだ。

一方、テレバさんが昨年までいた人文科学研究所には、考古学専門の研究者が数人いたし、技官もいたし、発掘のための道具や設備もすべてととのっていた。しかし、困ったことに、その所長とテレバさんとは犬猿の仲で、彼は追われるように研究所から出たのだった。そのため、私としても当てにしていた道具や設備を使用することはできず、まったくの無の状態から買い揃えていかなくてはならなかった。発掘をしようと思えば、土を掘るための道具や土をふるいにかけて出土品を確認するためのふるいなど、さまざまな道具が必要になる。私はテレバさんに指示されるままに、バマコ市中の市場をかけめぐって準備を進めていったのだ。

ともあれ、ようやく十日間の調査休暇をとったテレバさんと私と中橋さんの三人は、その後五年間の調査をともにすることになるカッシボ君の運転する車にのってメマに向かうことにした。メマという土地は、マリと隣国モーリタニアとの国境地帯に位置しており、ほとんどサハラ砂漠といってもよいような乾燥地だ。年間降水量は三百ミリメートル程度しかないので、雨水の集まる低地で乾燥に強いトージンビエという穀物の栽培が可能なほかは、牛や羊を追う牧畜民がいるばかりである。

　メマの人口密度はマリでもサハラ砂漠についで低く、他から切り離されたような土地であっ

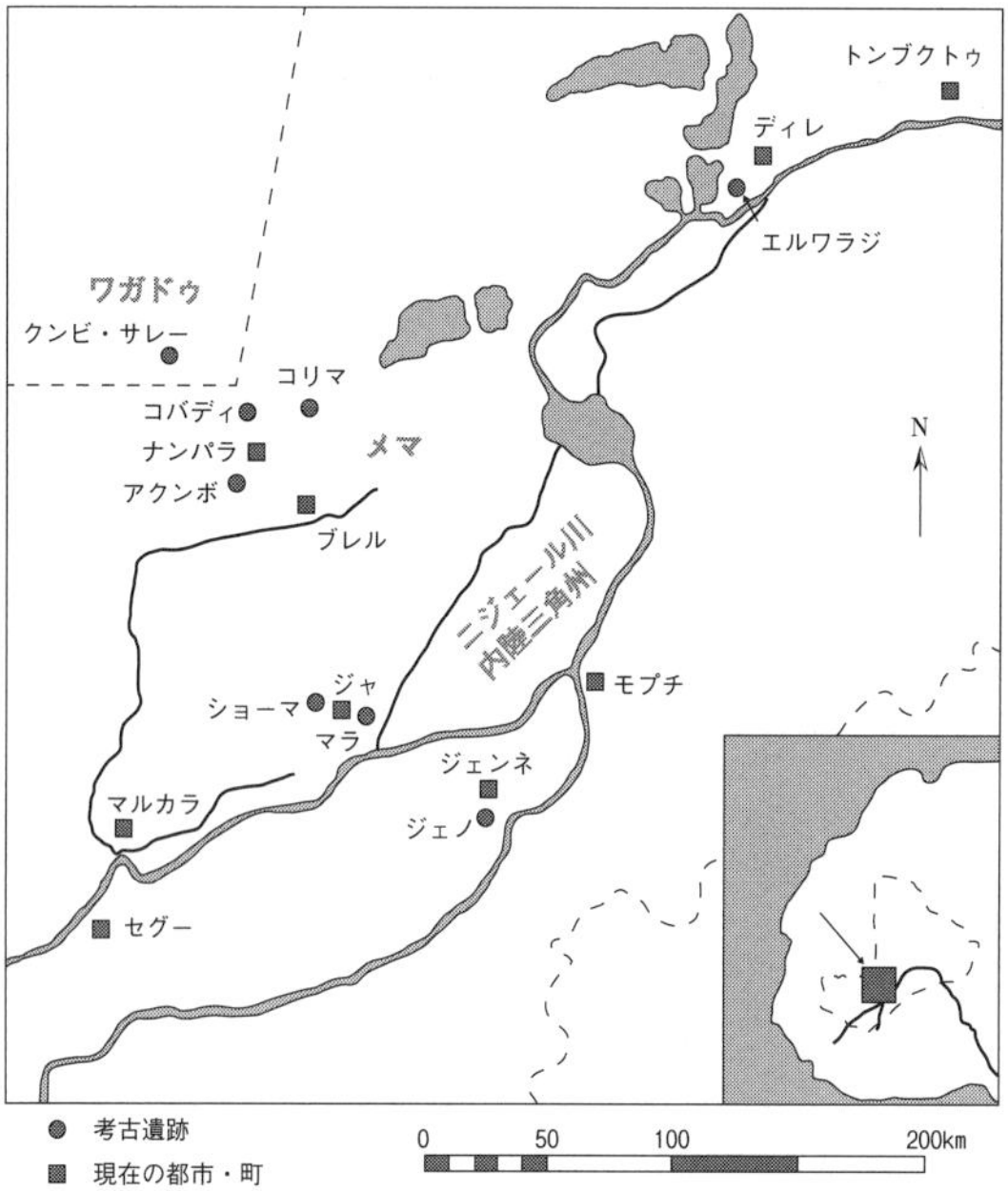

図23　内陸三角州とメマの地図と遺跡分布図

た。マリの首都で友人に今からメマに調査に行くのだというと、「お前は世界の果てに行くんだな」とからかわれるような始末であった。日本から見れば、マリという国自体がさいはての土地である。そのマリのなかでもさいはての土地とみなされているのだから、「世界の果て」というしかない。からかわれるに値するところであったのだ。

マリの首都からメマに向かうには、まず東に向かって車を走らせて、マリ第二の都市であるセグーに出る。そこで幹線道路を離れて、一路北に向かうことになる。セグーまでの二四〇キロメートルとセグーからの八十キロメートルは舗装がされているし、その途中に村々も多く存在する。しかしその先は、原野のなかにつづく悪路を二百キロメートルほどひたすら走るのだ。

セグーから北に向かう道路は、「オフィス・ド・ニジェール」という開拓地に沿って走っている。この土地は一九二〇年代からフランス植民地政府が、コットンを栽培しようとして開拓した土地であった。しかしその後、酸性の土壌であるためにコットンの栽培には適さないことがわかり、今では中国の技術支援によって広大な水田になっている。

水田がつづくかぎり、人家が建っているし、道もそれなりに整備されている。しかしそれを越えると、人家はぷっつり途絶えてしまうし、道は雨期に通ったトラックによってえぐられ、いたるところ穴だらけであった。そのため、地元民の車は道をはずれて走りやすいところを求めて自由に原野を走っていくので、車のわだちは何十にもわかれてつづいていた。土地に慣れた運転手でなければ、とうていたどりつけないような道であったのだ。

私たちはメマの中心の町であるナンパラをめざして走ったのだが、その手前の百キロメートルはまったく人家のない無人の土地であった。乾燥地なので大木はほとんどなく、背の高いドームヤシがまばらに点在するだけの原野である。日が暮れて、もし車が故障したりしたなら、動物に襲われるか人間に襲われるかのどちらかだろう。時間が過ぎていくことと、道を誤ったのではないかという不安におびえながら、赤茶けたラテライトの原野のなかの幾筋かに分かれた道を選びながらひたすら走った。ようやく日が落ちる少し前に、なんとかナンパラにたどり着いたのだった。

国境の町ナンパラ

ナンパラは人口一五〇〇ほどの小さな町であり、国境の要衝なのでマリの軍隊が一個小隊駐屯していた。町には十分に手入れのされていない泥づくりの家々が立ち並んでおり、かつかつの状態で暮らしているような雰囲気があった。テレバさんからは商店もなにもないところだといわれていたので、首都で大量の食糧と水と炊事道具と寝具を準備して、車に積んでもっていった。宿舎になるような建物があるかどうか心配だったが、さいわい小学校が複式学級になったためにできた空き教室が一室あった。それで、許可を得てそこで暮らすことにしたのだった。

床はコンクリートであったし、空き教室には使っていない机や椅子が山のように積みあげられていたので、私たちの使えるスペースはかぎられていた。それでも、マットを人数分車に積んでもってきていたので、寝心地は悪くなかった。それになにより、村はずれに建てられていたので静かな

図24　マリとモーリタニアとの国境の町であるナンパラは、牛や羊だけでなく、ラクダの飼育もさかんなほど乾燥した土地だ。

のがありがたかった。学校の裏手はもう原野であり、真っ赤な太陽が地平線のかなたに落ちていくのが、毎日教室の窓から見えていた。するとじきに、さえぎるもののない空いっぱいに星がきらめきはじめるのだった。

国境地帯なので治安がとても悪く、町にいる分には軍隊も駐留しているので問題はない。しかし、町を離れると盗賊団に襲われる危険があるので気をつけろ。実際、あとでわかったことだが、私たちの直前にこの地で発掘をしようとしていたアメリカ人の考古学チームは、正体不明の車が何台か町に接近しているという大使館の警告を受けてこの土地を離れていた。一方、危険情報を与えてくれる大使館など存在しない日本人とマリ人のチームは、現地の軍隊のいうことを信じるしかなかった。私たちは毎日彼らの勧めにより、カラシニコフ銃をたずさえた兵

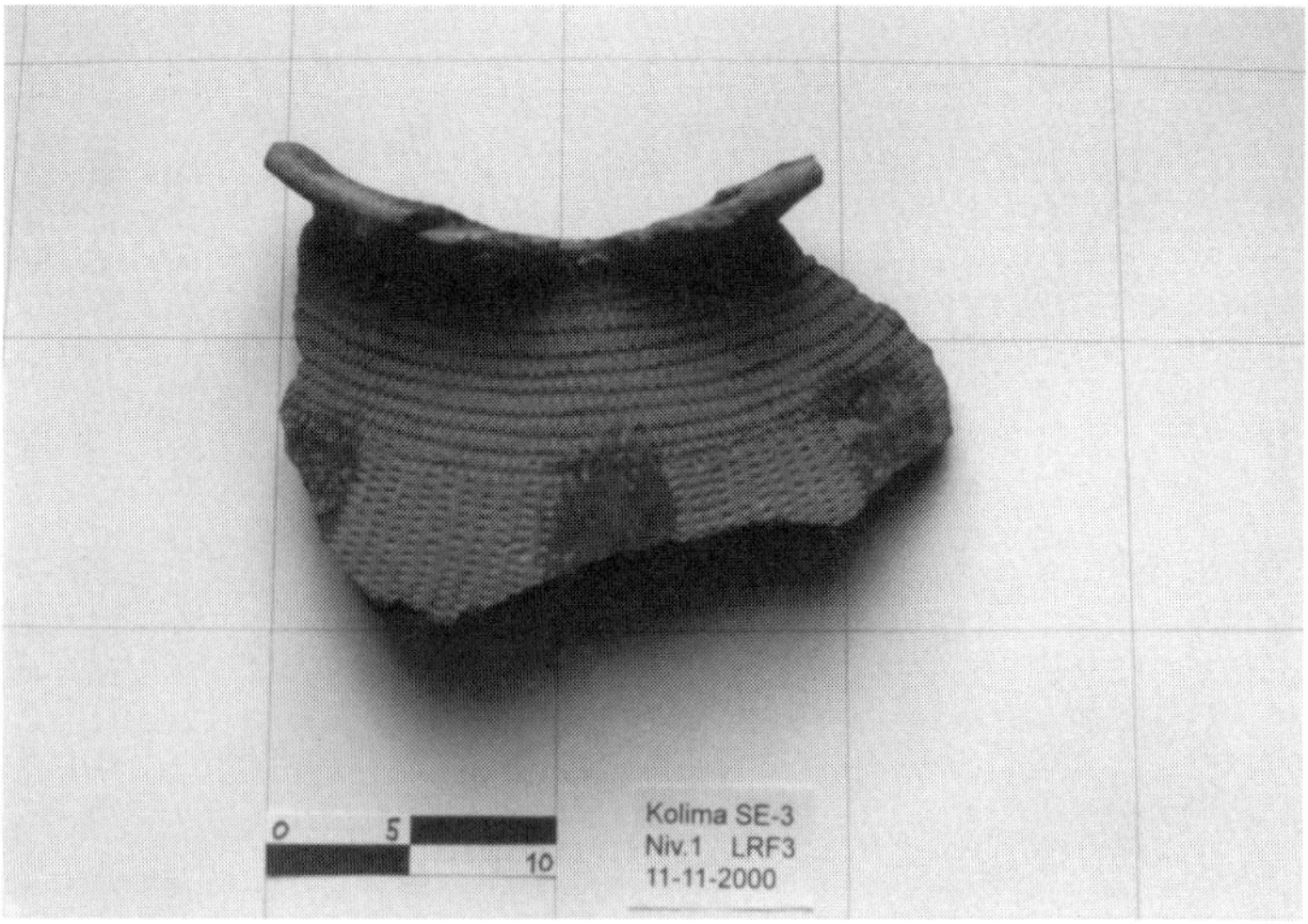

図25　たいへん質が高く美しい新石器時代のメマの土器。コリマ南東遺跡から出土した、紀元前900年ごろのファイタ型と呼ばれる土器。

隊を二人雇って調査に出た。どれだけたよりになるかはわからないが、ひとまず彼らの護衛のもとで遺跡の表面調査と発掘にとりかかったのだ。(注1)

ナンパラの町から車を出すと、いたるところに遺跡が存在していた。規模が大きく土が高く盛りあがった遺跡は鉄器時代のものであり、その横にはかならずといってよいほど新石器時代の遺跡が並んでいた。こちらはほとんどマウンドもなく、規模も大きなものでも直径二百メートルていどの小規模のものであった。

しかし、不思議なことに、土器に関しては新石器時代のものの方が、はるかに質が良いのだった。おそらく石臼をもちいてこまかく擦った胎土や長石をていねいに加工して、硬くコンパクトに仕上げていく。そうしてつくられた新石器時代の土器は、表面のデザインがとても美しいだけでなく、叩くと金属のような硬質な音を響かせるのだった。それに比べると、表面に赤や白の彩色のほどこされている鉄器時代の土器は、胎土の質も荒く焼きも不十分で、とりたてて評価されるようなものではなかった。

メマという土地は日本でいえば四国ほどの広がりがあり、そこには一五〇ほどの遺跡があることがすでに確認されていた。そのうちもっとも古いとされるのはコバディ遺跡であり、この名をもつ小さな村のすぐそばにあった。そこではフランスの考古学者であるランボーが一九八〇年代に調査をおこない、紀元前二〇〇〇年～五〇〇〇年の人骨のほかに、牛と羊と野生動物の骨を確認していた。

一方、過去にメマを貫いて流れていたニジェール川の支流は河岸段丘を形成しており、その斜面にあるチャベル・グジョジェ遺跡で見つかった骨と貝からは、紀元前二五〇〇年という数字が得られていた。この数字が、メマにおける人間の居住のはじまりと考えられていたのだ。(注2)

発掘を開始する

ナンパラに到着した私たちは、さっそく遺跡を見てまわった。同行してくれたのは、以前にテレバさんたちが調査をしたときに道案内をしたシディベ老であった。彼は狩人であったので、村の外の土地にとてもくわしく、どこにどういう遺跡があるかを熟知していた。彼の眼は白濁しかかっていたし、近くのものがよく見えていないのは明らかだった。しかし、彼が車での移動中に指示する方角が寸分の間違いもないことには、いつも感心させられたものだ。

シディベ老に案内してもらって、私たちは発掘箇所の選定に向かった。研究の目的が最古の稲を発見することであったので、あまり古くない鉄器時代の遺跡は対象にならない。それで、新石器時代の土器のある遺跡を二十ほどおとずれたのだった。

それらの遺跡のなかで私たちの関心を引いたのは、ンドンディ・トソケルという遺跡であった。ここは直径十〜三十メートルほどの小規模な居住跡が北東から南西に向けて七つ並ぶ遺跡であり、表面には牛と思われる大きな骨も見られていた。遺跡の表面に点在している土器片がきわめて洗練されていること、動物の骨でつくられたビーズが見つかったこと、縄を編むのにもちいられたと思われる独特の土製の道具が発見されたことが、ここを発掘しようと決めた理由であった。

さっそくテレバさんは区画をさだめ、発掘を開始した。時間がかぎられているので、南北に二メートル、東西に三メートルの小さな発掘であった。私が掘るわけではないとはいえ、発掘に加わるのははじめての経験なので、どのような作業をするのかと興味津々であった。まず、ほそいロープで囲った区画の表面にあるごみをとりのぞき、表面にある遺物をすべてビニールの袋のなかに入れていく。すると、最初は見えていなかった、赤く染色したテラコッタ製のビーズが砂の下からあらわれてきた。これは幸先がよいねと、テレバさんと二人でよろこんだものだ。

毎朝、真っ暗ななかを起き出して、湯をわかしてミルクコーヒーとパンの朝食をとる。六時には宿舎を出て、まだ暗い荒野のなかの道を車を走らせて遺跡に着く。そして掘りはじめるのだが、テレバさんは根っから発掘が好きらしく、作業員に掘るのをまかせることなく、砂まみれになって作

図26　ナンパラの町から出て遺跡を調査してまわったテレバさんと私は、ンドンディ・トソケル遺跡で発掘を実施することにした。

業員を指揮していた。しかも彼はその作業に夢中になってしまうので、はじめの約束とは違って、作業の手順をことこまかに私に教えてくれることはなかった。それで私としては彼らの作業を近くから見守るしかなかったのだ。

十五―二十センチメートル掘るごとに層を変え、すべての出土品を分類しながらビニール袋におさめるのと並行して、気づいたことをすべて用紙に書き込んでいく。こうした作業を七日間つづけて、五層、約七十センチメートルまで掘り進めたところで文化的不毛層に到達した。遺跡の底である。多くの土器が出土したほか、私たちの目的が最古の稲の発見であったので、各層で特別な作業をおこなった。フローテイションといって、土器をつめるのに用意した布製の袋に土を一杯分、

図27　ンドンディ・トソケル遺跡で発掘を終えて記念写真をとる。まるで盗賊団のような曲者ぞろいのメンバーである（後列左が中橋さん、左から３番目がテレバさん）。

約二十キログラムとっておく。これを宿舎にもって帰って、水のはいったバケツに移してかきまぜ、表面に浮いてくるものを目のこまかい篩ですくい、乾燥させたものをビニール袋に移す。これくらいならできるといって、私が受けもってこの作業をくり返した。しかし残念なことに、穀物を見つけることはできなかった。

ここでの発掘がそろそろ終わろうかというときに、全員で撮影した写真が手元にある。それを見ると、科学的な目的をもつ発掘チームというより、くせものぞろいの盗賊団といった方が似つかわしい風情である。たしかに、国境付近の危険地帯で発掘することを厭わぬメンバーであった。

一方、私と中橋さんは、テレバさんたちの作業を見守る以外なにもすることがない。そ

図28　私たちは毎日、護衛の軍人を二人連れて発掘にあたった。暇であったのか、彼らのひとりが銃剣で掘るのを手伝ってくれた。

れで私たちは、中橋さんの専門である人骨を調査するためにコバディ遺跡の人骨を掘り出すことにした。少し掘ると、骨は西を向いて埋められていることが確認されたので、顔が東を向くイスラーム式の埋葬ではないことがわかった。また、人骨は両手・両膝が胸のところにくるように折り曲げられて埋葬されていた。

掘っているうちにわかったことだが、土地が驚くほど硬いので、どんな道具をもちいても、掘っているうちに先が曲がってしまい、使いものにならなくなってしまう。それを見ていた若い兵士が、見かねたものか、銃の先につける銃剣で掘ってくれた。さすがに人殺しの道具は性能が違う。作業は格段にはかどるようになったのだった。

ここで掘り出した骨格とテレバさんたちの

発掘の成果は、すべて首都にもち帰り、彼が分析することになっていた。しかし、局長としての仕事に追われた彼は、分析を終えることができないままにすべてを放置してしまった。その結果、土器と骨とデータはどこかに消えてしまったのだ。

コリマ遺跡群

翌二〇〇〇年十一月、私はふたたびマリに行き、メマでの発掘を再開することにした。そのときから今まで、十数年にわたって発掘をともにすることになるママドゥ・シセ君とはじめて共同作業をしたのはこのときだった。局長としての仕事に忙殺されていたテレバさんは、どうにも現場に入れそうにない。それで、まだ三十代になったばかりの若いシセ君を代わりに推薦してくれたのだった。

どこを掘るか。シセ君と話しあったが、ジェンネ・ジェノ遺跡で二シーズン掘った経験しかなく、考古学者としての知識も問題意識もまだ十分にはなかった彼には、特別これといったアイデアはなかった。それで、すべてを私が決めることにした。

この年も私がめざしていたのは最古のアフリカ稲を発見することであった。とはいっても、もしテーマをしぼりすぎたなら、めざす成果があがらないと、調査自体が無になってしまう危険があった。それよりはもう少し広いテーマを立てておき、そのなかで着実な成果を求めていった方がよいのではないか。そう考えた私は、新石器時代から鉄器時代にいたる複数の遺跡で発掘をおこなうことで、メマの遺跡のクロノロジー（文化編年）を完成させることをめざすことにした。それをおこなう過程で、あるいは稲の栽培起源についても手掛かりを得ることができるかもしれない。そう考えて、私はコリマ遺跡に目をつけたのだった。

コリマ遺跡はマリの国土地理院が発行する全国地図にも掲載されるほど大きな遺跡群である。なかでも最大のものは鉄器時代のコリマ遺跡で、南北に一キロメートル、東西に五百メートルほどもある巨大なものだ。その当時にどれほどの間隔で家が建てられていたかは知るすべもないが、五千人を超える人口がいたのは確実と思われるほど、規模の大きな遺跡であった。ここでは第二次世界大戦以前に、素人考古学者が発掘をおこなっていたが、そのときにはまだ放射性炭素年代測定法が確立されていなかったし、発掘のし方も成果の発表もいいかげんなものでしかなかった。

一方、その遺跡周囲には新石器時代の遺跡が十数個並んでいることをテレバさんたちが確認していた。そのひとつのコリマ南遺跡では、ケンブリッジ大のマクドナルドが発掘をおこなって、紀元前一〇九五年前後という数字が得られたことを博士論文に書いていた。新石器時代から鉄器時代までの遺跡が並存するこの遺跡群であれば、クロノロジーを作成するのに最適だろう。そう考えて、この遺跡を対象とすることにしたのだった。

私たちはまず、遺跡の表面に残された土器の紋様によって最古と考えられるコリマ南遺跡で南北に三メートル、東西に二メートルの発掘をおこなうことにした。コリマ遺跡群は、東方から今では涸れた川が流れ込んでおり、その氾濫域の西の端に位置するのがこのコリマ南遺跡であった。それは高さ八メートルほどの小丘の全体が遺跡であり、その全面がまばらな土器片でおおわれていた。マクドナルドが発掘をしたのは中央の一番高い箇所であったので、私たちはそれとの比較のために、二メートルほど低い北側の斜面で掘ることにしたのだった。

シセ君の発掘技法

私は考古学をはじめて二年目の素人であり、シセ君の発掘をそばで見守るしかなかった。彼の発掘の仕方を見ていると、考古学の知識をもたなかった私にも、きわめて堅実で着実な掘り方をすることがよくわかった。私たちはシディベ老をふくめて六人の作業員を雇っており、そのうちの四人が土を掘り、残りのふたりがふるいを受けもって出土品を確認していた。シセ君はその両方についてきっきりであれこれと指図をしていたほか、土の色や堅さの変化、土器や骨などの出土品、建造物があらわれればその形状や大きさなど、すべてのデータを事細かに記述していた。

アフリカのほとんどの大学では、資金的な問題により発掘の実習をおこなえないのが一般的である。それで、どこで発掘を習ったのかとたずねると、旧ソ連のウクライナに大学一年から修士課程修了まで留学したので、そこで習ったとのことであった。ところが、ウクライナの遺跡は基本的に凍土であるし、深度も浅いので、マリの遺跡とはまったく構造が違っている。さいわい、アメリカのマッキントッシュ夫妻の助手としてジェンネ・ジェノ遺跡で二シーズン掘ったので、マリでの発掘もできるようになったというのであった。

しかしシセ君によると、アメリカ人研究者は発掘が終わるとすべてのデータをとりあげてしまう。シセ君が掘りながら、毎日毎日、層が変わるごとに書いていった記録紙も、発掘の終了時にすべてとりあげられてしまった。これでは少しも自分の勉強にならないし、あとで整理しようと思ってもデータそのものが失われてしまっている。そのことを思い知らされたので、彼は二シーズン目には自分が記入したすべてのデータと、マッキントッシュ夫人がつくりあげた土器の編年表をこっそりコピーして自分用にとっておいた。そして首都に戻ってから、そのデータの分析を自分なりにつづけていたというのである。

データの漏えいと間違った解釈のひとり歩きを防ぐには、マッキントッシュ夫妻のやり方にも一理あるだろう。しかしそれでは、アフリカ人研究者はいつまでも助手の地位にとどまったままであり、彼らがひとり立ちして分析をしたり、問題意識を練りあげられるようになることはないだろう。一方、私の方では、発掘を見守りながらあれこれと感想を述べたり指図をしたりはするが、基本的に発掘を見守ることしかできない。そのあとで成果をまとめる段階になって、自分がノートに記録したデータとつきあわせながら、報告書や論文をより良いものにするべくアドバイスや書き直しをしたり、問題意識を鮮明にしたりすることができるだけだ。

しかし、こうしたやり方を重ねたことが、シセ君の技術と理解力を高め、彼がひとり立ちするのに貢献したのは疑いなかった。実際、彼はのちにアメリカの大学で、なんと三年半で博士論文を終えたのだった。よく知られているように、アメリカの大学に留学するとまず修士課程に入れられて、山のように文献を読まされる。そうした二年間の訓練を終えてはじめて博士論文に着手できるのだから、彼は実質一年半で博士論文を書き終えることができたほど力をつけていたのだ。

コリマ遺跡群でなにが見つかったのか

丘の上にあるコリマ南遺跡の発掘からは、数十の土器片と牛の骨、そして直径四センチメートルほどのアカメ科の魚であるナイルパーチの背骨が出土しただけで、格段の成果は得られなかった。もっとも、ナイルパーチの背骨は注目に値する発見であった。これは大きな河川にしか生息しない魚なので、過去にはこの丘の付近までかなりの深度のある河川の氾濫が生じていたことを物語る資料であった。ただ、残念なことにこの発掘からは炭化物は出土せず、この魚の骨からも年代測定の手掛かりとなるコラーゲンをとり出すことはできなかった。それでこの遺跡の年代としては、マクドナルドの紀元前一〇九五年という数字にたよることしかできなかった。

豊かな成果をあげたのは、その東側の、私たちが「コリマ南東遺跡」と名づけた遺跡での発掘であった。この遺跡は、過去の氾濫域である堆積平野のなかに、一メートルほどのなだらかな高まりをもった半径三五〇メートルの遺跡であり、その表面は、新石器後期のファイタ型と呼ばれる土器片でびっしりと覆われていた。遺跡の大きさといい、土器の多さといい、小規模のものが多い新石器時代の遺跡としては例外的なものであることが私たちの関心をひいた理由であった。私たちはその中央部分の三ケ所を選び、それぞれ南北三メートル、東西二メートルの発掘をおこなった。ここ

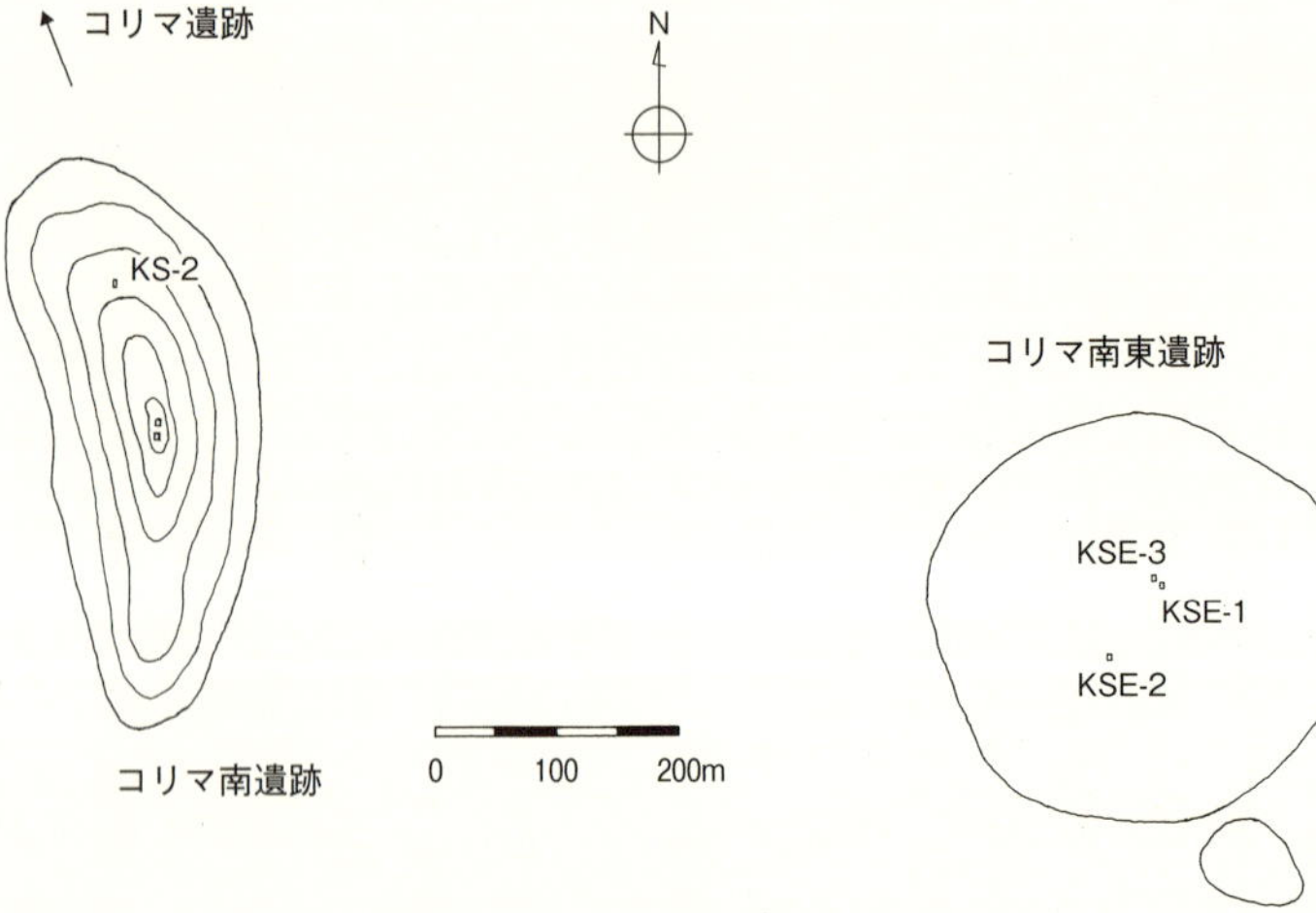

図29　コリマ南東遺跡とコリマ南遺跡

では、もっとも成果のあがった三番目の発掘（KSE3）についてだけ語ることにしよう。

私たちは二十センチメートルごとに層を変えて掘っていった。遺跡の表面には多くの土器片が散在していたので、掘る前から豊かな遺跡であることが予想されていた。実際、掘っていくとすぐにそのことが確認された。多くの見事な出来栄えの土器に加え、複数の石器やテラコッタ製の奇妙な物体、それに二体の牛の骨が出てきたのだ。

はじめてひとり立ちして発掘をしたシセ君にとっても、それを近くから見守っていた私にとっても、成果をまとめるのが恐くなるような出土品の豊かさであった。たくさん出てきた土器については、テレバさんやマクドナルドの精緻な研究があるので、それを参考にしてまとめていくことができるだろう。しかし、そのほかの骨などの出土品については、どう分析し、どうまとめていったらよいか。しかも、奇妙なかたちをした、用途のわからないテラコッタや石製の出土品がたくさんあらわれてきたのである。用途がわからない場合には「儀礼的道具」と名づけることにしよう。そういってシセ君と笑ったものだが、そのネーミングはそのときいらいつづいている。

私たちは二週間ほど掘りつづけ、最終的に七層、一・四五メートルで文化的不毛層に到達した。出土したのはまず四七六点の土器片であり、そのほとんどが粘土にこまかく擦った長石を混ぜて焼いたきわめて良質なものであった（あとで計測したところ、壺ないし甕が五十パーセント、鉢ないし皿が四十四パーセントであった）。このうち、八十八パーセントの土器片に装飾がほどこされており、そのうち五十四パーセントが撚糸紋様、二十二パーセントが縄目紋様、十三パーセントがへら等でつけた沈線紋様であった。

サハラ砂漠とその南側のサヘル地帯の双方で調査をおこなったフランスのランボーによれば、縄目紋様と撚糸紋様の土器はジェンネ・ジェノ遺跡をはじめとするサバンナに特徴的な紋様であり、一方の沈線紋様は古い時代のサハラに特徴的な紋様である。後者の代表例が「初期ハルツーム型」と呼ばれる波状点刻紋様であり、これは紀元前七〇〇〇年のハルツーム遺跡から紀元前三五〇〇年のニジェール川流域にいたるまで、サハラ砂漠のほぼ全域で発見されている。この観点からいうと、コリマ南東遺跡の出土土器は、南部のサバンナ様式が主流だが、サハラに特徴的な紋様が若干混ざっているということになる。

そのほかの出土品として、石器片が三十七点あり、その大半が花崗岩製のひき臼や擦り石であった。栽培されていた穀物か野生の食物を粉にするのにもちいられたのだろう。ほかに石英の小形の石斧があり、牛をかたどった小さな砂岩製の石像一点と男根状のもの一点があった。おそらく祭祀にもちいられた道具である。また骨については、大量の魚の骨のほかに、二体の牛の骨が出土した。私たちは毎日土を二十キログラムずつ採集してフローテイションにかけたが、そのすべての層から、西アフリカ原産の穀物であるフォニオが発見されたのだった。

祭祀のあと

なかでも注目されるのは、第二層と第三層、そして最下層の第五層と第六層から出土した小型牛の骨であった。シセ君も私も牛の骨に出会ったことはそれ以前にはなかったので、上の層から骨が出てきたときには、これが人間のものか牛のものかよくわからなかった。しかもそれは状態が悪くて傷んでいたし、北側の壁にかかっていたので、一部しかとり出すことができなかった。これに対し、下層のものは、頭蓋骨や顎骨、歯、大腿骨をふくめた体の上部と下部をほぼ掘り出すことができた（逆にいえば、胸骨や背骨の部分は存在していなかった）。しかも興味深いことに、前者の場合にはひとつかみ、後者の場合には骨格の上側と右横にひとつかみずつのフォニオが残されていたのだ。

また、二体目の骨が出てきた層のすぐ上の層である第五層からは、テラコッタ製の小さな牛の像と一組の角、表面に紋様が刻まれた卵形の土器などの、儀礼用と思われる道具が多数発見された。

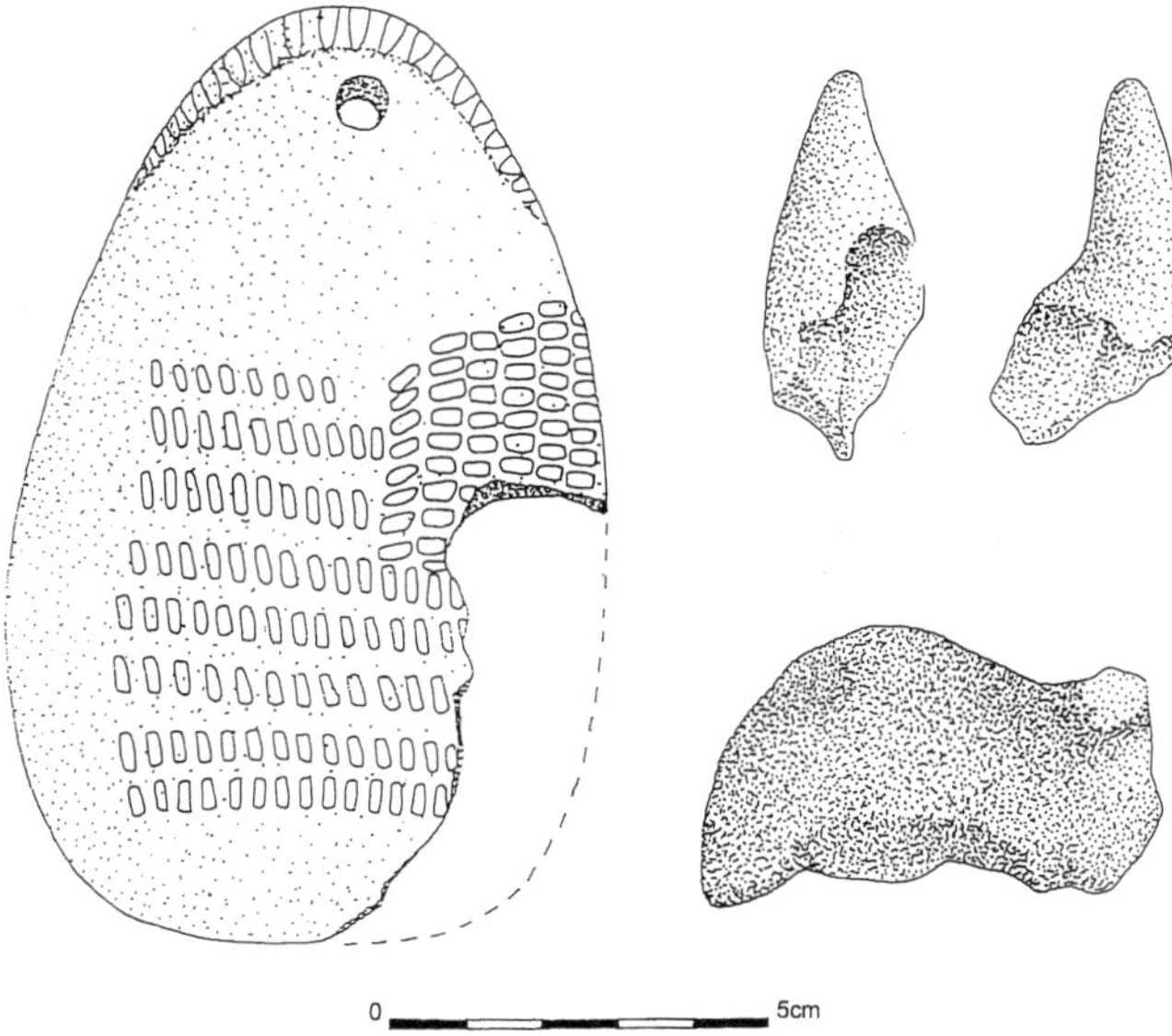

図30　コリマ南東遺跡から出土したテラコッタ製の牛と卵形の儀礼的道具

しかもその牛の骨格をとりあげると、その下の部分やまわりには、周囲の粘土質とは明らかに異質な黒灰色の砂がまかれていることがわかった。この牛に対しては、埋葬もしくは儀礼用と思われる人為的な措置がほどこされていたのだ。

これらの出土品をどのように解釈するべきか。私とシセ君は話しあったが、これだけていねいな措置がとられ、さまざまな儀礼的道具にとりかこまれているのだから、この場所が牛の屍骸を安置するための墓だとは考えられなかった。それはおそらく供犠をおこなうための儀礼的な場であり、牛はその目的で屠られたものと解釈されたのだ。また、牛の骨格の横ないし上部にそれ

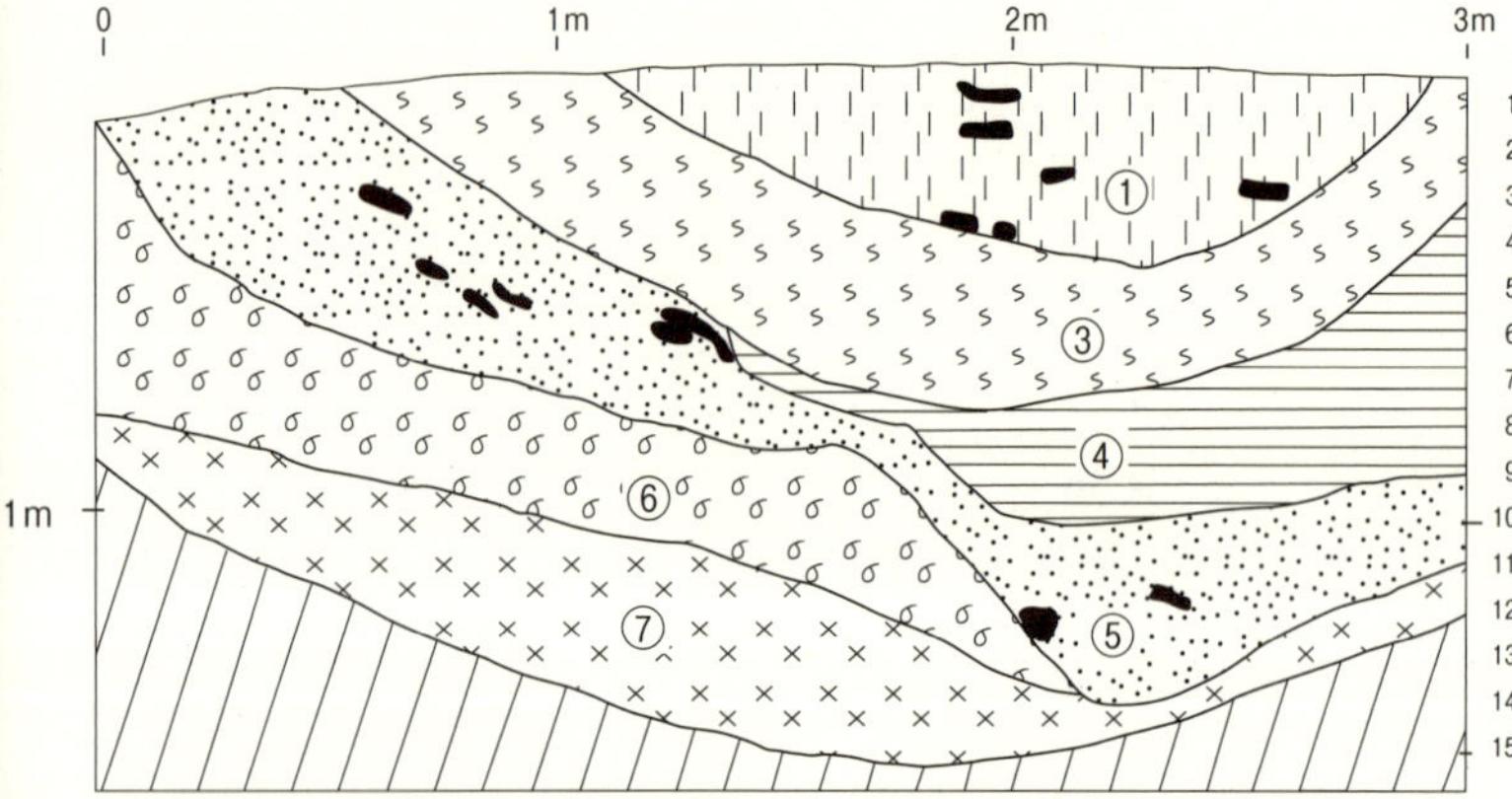

図31　コリマ南東遺跡の層位図（東側の壁）
（第２層はここにはあらわれていない。また、牛の骨は第５層と第６層で出土したが、そのために土が掘られている）。

ぞれひとつかみのフォニオが存在したことは、もちろん自然にまざったものではなく、供物として捧げられたものだろう。牛のテラコッタ像をはじめとする数個の儀礼的道具がその近辺にあったことを見ても、そのことはまず間違いなかった。家畜の繁殖ないし作物の豊穣を祈願するための儀礼がこの場でおこなわれていたと、私たちは判断したのだ。

遺跡の年代についていうと、最上部の第一層で採取された炭化物の放射性年代測定値が西暦紀元前八二五～八〇一年、より深い第四層が紀元前八九八～八二九年という数字であった。下層の牛のそばで採取されたフォニオは、今から考えれば明らかに間違った措置であったが、フローテイションにかけてしまったために正確な年代を取り出すことができなかった。

これらの数字にもとづくなら、この遺跡は紀元前九世紀のはじめから終わりにかけてのものと考えるのが適切であろう。マクドナルドの発掘と比較するなら、このコリマ南東遺跡は、小丘上のコリマ南遺跡より二百年ほど時代を下った時期に居住が開始され、その後百年ほど利用された遺跡ということになる計算であった。

農耕の起源？

残念ながら、この遺跡の発掘からは、私たちの主目的であるグラベリマ稲の発見はできなかった。しかし、西アフリカ原産の穀物であるフォニオがすべての層から出土したことは、メマ地区での農業の開始時期を特定するという当初の目的が達成されたことを意味していた。それまでの発掘では、マクドナルドによるコリマ南遺跡にしても、前年におこなったンドンディ・トソケル遺跡にしても穀物の発見はできなかったのだから、この紀元前九世紀のフォニオをメマの最古の穀物と考えることが一応可能であったのだ。

もっとも、この点については注意が必要だろう。穀物の野生種と栽培種を区別することは、形状だけでは困難だからだ。しかし以下の理由から、フォニオが栽培種であったと私たちは判断している。

一、フローテイションによってすべての層からフォニオが発見されたこと。もしこの時期に栽培化がなされていなかったなら、これほど多くのフォニオがコンスタントに見つかることはなかっただろう。

図32　コリマ南東遺跡で発掘を終えて、記念撮影をする（前列右がカッシボ君、その隣がシディベ老、後列右がシセ君）。

二、供犠の供物としてフォニオが捧げられていること。供犠や供物に供されるのは、一般に当該社会で高い価値をもつ家畜や栽培種であり、野生種が捧げられることはかぎられている。たしかに西アジアでは野生種が供犠に付されていたという報告があるが、そのばあいにも、野生動物の家畜化が食用を目的とするものではなく、供犠獣を確保するためにおこなわれたという解釈もある。その意味で、牛の供犠にともなってフォニオが供物として捧げられていたのであれば、フォニオは野生種でなく栽培種であったと考えられるのだ。

以上の解釈が正しいとすれば、コリマ南東遺跡をふくむメマ地区では紀元前九世紀までにフォニオが栽培化されていたということになる。この数字は、これまでに西アフリカのサバンナで見つかった栽培種のうち、ガーナのキンタンポ遺跡で発見されたソルガムの紀元前一八〇〇年、モーリタニアのダール・ティシット遺跡で発見されたトージンビエの紀元前一一〇〇年についで、三番目に古いものだ。私たちの発掘は、西アフリカで今も広く栽培されているフォニオという穀物の栽培起源地とその時期の特定に向けて、大きく貢献できたのだ。

鉄器時代のコリマ遺跡

最後に、鉄器時代のコリマ遺跡についても述べておこう。この発掘は時間があまり残されていなかったこともあり、南北に二つ並んだマウンドのうち、南側のマウンドのもっとも高い地点から一・五メートルほど下がった斜面で二×二メートルの小さな発掘をおこなった。文化的不毛層に達したのは表面から一・七六メートルであり、全部で八つの層を数えていた。

出土した土器片は、新石器時代のものとは明らかに異なる粗雑なつくりのものであり、ほとんどすべてに赤茶や白、黒の釉薬がかけられていた（うち四十七パーセントが甕ないし壺、二十六パーセントが厚手の鉢ないし皿、十六パーセントが小型の椀、九パーセントが皿）。出土した土器のあいだに顕著な違いは見られなかったので、私たちは掘りながら、遺跡が占有されていた期間はそれほど長期ではないだろうと判断していた。また、すべての層から鉄の破片とスラグが大量に発見されており、この遺跡の近辺で鉄がもちいられていただけでなく、製作もされていたことは明らかだった。

当時の人びとの食物を推測させるのは、大量に出土した魚の骨のほかに、牛や羊／山羊の骨および野生動物の骨であり、穀物は発見されなかった。遺跡の上層の数層からは、手で丸めた球形の日干しレンガをもちいた建造物の一部が発見されており、鉄器時代のメマでは球形の日干しレンガをもちいた建造物が一般的になっていたことが明らかになった。これまでの発掘では日干しレンガが新石器時代の遺跡から発見されたという報告はなかったので、新石器から鉄器時代への移行にともなって、建造物の次元でも重要な革新が実現されたのは明らかであった。

この遺跡の放射性炭素分析による年代は、下から二番目の第七層で六四三〜六八一年、上層の第三層で六九六〜七七四年であり、七世紀半ばから八世紀にかけての遺跡と考えることができる。メマ地区の鉄器時代の遺跡としてはかなり初期のものである。

メマのクロノロジー

その翌々年の二〇〇二年に、もう一度私たちはメマで発掘をおこなった。しかしまもなく、マリの国境に近いモーリタニア東部でアルカイダの流れをくむ武装グループの活動が活発になり、砂漠観光の外国人旅行者を襲って人質にとるという事件が二件生じた。そのため、外国人が国境に近いこの土地に行くことは禁止されるようになり、この地での発掘は不可能になってしまった。私たちの調査は、サハラ砂漠南部での社会的混乱により、途中で切りあげることを余儀なくされたのだった。

それでも、これらの調査からはいくつかの重要な発見が得られている。メマでの人間の居住が紀元前三五〇〇年までさかのぼりうることが確認できたこと（注2参照）、これまでに西アフリカで発見された穀物のうち三番目に古い紀元前九世紀の穀物の発見に成功したこと、この時代の祭祀のありさまを知るためのいくつかの手掛かりを得られたこと、などの発見だ。また、時代の異なる複数の遺跡で、決められた深さごとに層を変えていく人工層位法の手法によって発掘をおこなったことで、メマ地区の土器の編年がより明確になったのも成果であった。

というのも、それまでの調査はどちらかといえば行き当たりばったりの調査が多く、ジェンネ・ジェノ遺跡をのぞいて正確な編年ができていなかった。私たちはさまざまな遺跡から出土したすべての土器の分析を終えるのと並行して、首都の文化財保護局に大きな保存用のケースを二台寄付して、それらをすべて分類して収納した。その結果、今では学生でも研究者でも、マリ各地で私たちが掘り出した時代の異なるさまざまな土器に容易に接近できるようになっている。このことにより、マリの考古学の発展に大きく寄与できたと私たちは考えている。

一方、メマのクロノロジーについていえば、それほど革新的な発見は実現できていない。私たちは、メマの新石器時代の開始時期を紀元前三五〇〇年までさかのぼらせることに成功したが、新石器の終わりについては、紀元前四一五年という過去に得られた数字より後の時期の遺跡を発見することはできなかった。一方、鉄器時代の遺跡についても、テレバさんの発見した三六〇年より古いものは発見できていない。紀元前四一五年と紀元三六〇年というと、約八百年の間隔がある。このあいだにメマのような乾燥地でなにが生じ、人びとの暮らしや社会の組成にどのような変化が生じていたか。それを明らかにする作業は、今後に残されたままなのだ。

メマのすぐ西側の地域では、西アフリカ最古の国家のひとつであるガーナ王国が誕生しており、口頭伝承にもとづくその成立時期については諸説がわかれている。研究者によっては、それを紀元後四世紀とし、あるいは七世紀と主張するなど、かなりの幅があるのが実情だ。しかし今のところ、ガーナ王国とほぼおなじ緯度にあるメマでの人間の居住が三五〇〇年より以前には確認されていないので、四世紀の成立ということはまず考えることができない。

紀元前四一五年から後三六〇年までのあいだ、西アフリカは乾燥化が極度に進み、メマのような乾燥地では人間の居住はほぼ不可能であったと考えられている（22頁図6）。そうした状態から、人口が回復し、農業や製鉄などの産業が発展していくのに要する時間を考慮するなら、早くても六世紀、おそらく七世紀というのが妥当な数字だろう。メマのクロノロジーをさらに精緻にしていくことは、西アフリカ最古の国家のひとつであるガーナ王国の誕生の時期と、それにつながる社会経済的変化を明らかにするという課題にこたえるためにも、必須の課題なのだ。

（注1）この年から数年後に、この町に駐留していた守備隊はトゥアレグ人独立派の襲撃を受け、百数十人が殺害され、残りは命からがら逃げ出した。たしかに危険なところであったのだ。

（注2）私たちはのちにメマのアクンボ遺跡で発掘をおこない、表面から七メートル下の地層から、紀元前三五〇〇年の土器をふくむ地層を発見している。これは鉄器時代の遺跡を最下層まで掘りぬいたあと、その下にある砂の堆積のさらに下の層から出たものであった。現在の時点では、これがメマにおける人間の居住に関する最古の数字である。

第四章　発掘デビュー　ガオ市の遺跡で発掘を開始する

ガオ市での発掘へと方向転換

二〇〇一年冬、マリでの発掘が三年目になったこの年は、調査地を変えてガオ市に向かうことになった。テレバさんにたのまれてのことだった。彼のいる文化省文化財保護局というところは、マリ大学や人文科学研究所のように研究・教育を主目的とする機関とは異なり、文化財の保護を第一に担う機関だ。そのため、発掘調査はそれに向けての予備的段階として位置づけられている。その本来の趣旨にあった、危機にある考古遺跡の緊急発掘をしてほしいというのだった。

文化省という組織自体が一九九九年に新規に独立した組織であり、その設立時には省全体でひとつの局しかなく、テレバさんが唯一の局長としてすべての仕事をとり仕切っていた。しかし、彼はこれでは手に余るとして、音楽や絵画制作の支援と各種の記念碑の制作にかかわる文化活動局を新設させて切り離し、彼の局を、考古遺跡をはじめとする文化財の保護と調査を専門にする文化財保護局へと改組していた。その文化財保護局の、最初のしかも目玉となる仕事として、破壊されつつある考古遺跡の緊急調査と保護のための仕事をしてほしい。そうたのまれたのだ。

彼がターゲットにしていたのは、マリの東部、首都から一二〇〇キロメートル離れたガオ市近郊

図33　1950年代に発見された、アラビア語で記された墓碑がならぶガオ・サネの墓碑群。

にあるガオ・サネ遺跡であった。このガオ・サネ遺跡というのは、一九五〇年代にフランス植民地行政官が、荒野に打ち捨てられていたイスラーム式の墓碑の群れを偶然発見したことで一躍研究者に知られるようになったものだ。ここで発見された墓碑のうちのいくつかは、スペイン南部のアルメリア産と考えられる大理石をもちいた見事なものであり、表面に刻まれたアラビア語を解読した結果、十一世紀末から十三世紀にかけての墓碑群であることが確認されていた。

この墓碑群に隣接して、東西に幅四百メートル、南北に長さ七百メートル、高さ十メートルほどのマウンドのある遺跡があり、これもガオ・サネ遺跡と呼ばれている。ところがこれは、高値で取り引きされるガラス・ビーズが出土することもあり、全面的に盗掘の対象となっていた。このまま放置しておいたなら、この遺跡の価値を知ることも、出土品の分析をすることも不可能になる。そうならないうちに緊急発掘をしてほしい。そういう要請が地域社会から首都の文化財保護局に送られていたので、それにこたえることが必要であったのだ。

私としては、せっかく軌道に乗りかけたメマでの調査を継続したいというのが本音であった。しかし、テレバさんのたってのたのみであれば仕方がない。そう思って、シセ君と一緒に助手を連れてガオ市に向かうことにした。ところがそこでおこなった発掘は、私たちが予想もしていなかったような成果をもたらすことになった。その発掘の成果は、のちにシセ君がアメリカのライス大学に提出した博士論文にまとめており、そののちに私たちが古ガオ遺跡でおこなった発掘調査とともに複数の論文として出版されている。それだけでなく、イエール大学出版会からこの二つの仕事を二冊本として刊行したいとの申し出を受けるまでになっている。偶然から生まれた仕事であったが、それほど評価される結果になったのだ。

ソンガイ人とトゥアレグ人

ガオ市は首都バマコから一二〇〇キロメートル離れた、マリの東部地区の中心都市だ。人口は五万強というのが公式な数字であるが、サハラ砂漠の乾燥化によって多くのトゥアレグ人集団が避難してきたので、今ではその倍以上にふくれあがっているとみられている。ガオ市の主要な人びとは、第一章でも言及したソンガイ人であり、ニジェール川の氾濫域での米作と漁を主たる生業としてきた。

ソンガイ人は、ガーナ王国を築いたサラコレ人と並んで西アフリカ最古の国家を築いた人びとであり、十五—十六世紀に西アフリカの大部分を支配下におくほど強大なガオ帝国（ソンガイ帝国ともいう）を築いたのも彼らであった（36頁図14）。しかし一五九一年に、モロッコのサード朝の遠征軍によってそれが解体させられると、ソンガイ人の主力はニジェール川に沿って南に移動していき、今ではマリの隣国ニジェールの主要民族のひとつになっている。しかし、その一部は彼らのもともとの居住地であったマリ東部にも住んでいるので、現在では彼らは二つの国に分かれて暮らしているのだ。

このソンガイ人とともにガオ付近に住む主要集団が、トゥアレグ人である。トゥアレグ人とは北アフリカの先住民族であるベルベル人の一派であり（これは他称であり、彼らは自分たちではイマジゲンと称している）、七世紀になってアラブ人がアラビア半島から侵入して彼らを圧迫して以降、サハラ砂漠に移り住んで遊牧と長距離交易を専門にするようになった人びとだ。マリ、アルジェリア、リビア、ニジェールの四ケ国にまたがって暮らしており、サハラ砂漠の遊牧民であるために正確な人口はわかっていない。百万から百五十万というのが一般に与えられている総数であり、マリにはそのうちの四十万以上が住んでいると考えられている。

トゥアレグ社会は、①貴族、②自由民、③鍛冶屋などの職業集団、④農耕奴隷、の四層からなる厳格な階層化社会であり、十九世紀末にフランス植民地政府の手で奴隷解放が強制される以前には、全人口の五十～七十五パーセントもが奴隷であったとされている。かくして、砂漠の遊牧民である

クジラとともに生きる

アラスカ先住民の現在

フィールドワーク選書3

態系の変化や反捕鯨運動など厳しい現実がとりまく極北の村で、クジラを中心とする文化・社会を継承する先住民イヌピアット。多くは他の仕事を生業とする彼らが、いまなお捕鯨をその精神的な支柱とするのはなぜか。捕鯨の準備から狩猟・解体の現場、収穫祭・感謝祭などの祭事を詳しく観察し、村びとと対話を重ねるなかで明らかになった、捕鯨文化の実態を紹介する。

■四六判並製・200頁　二,〇〇〇円＋税

ISBN978-4-653-04233-

人間にとってスイカとは何か

カラハリ狩猟民と考える

池谷和信（国立民族学博物館教授）著

フィールドワーク選書5

飲用としてはもちろん、スイカ鍋・干しスイカ・スイカ石鹸など多様な用途にスイカを利用する社会とは？ 高畑勲監督に「別の惑星でみられるような暮らしだ」と言わしめた、驚くべき砂漠の民の生活文化の全貌を豊富な写真とともに紹介。その時々の政治・文化の潮流のなかで変化しながら今なおスイカ中心の生活を続ける村びとに密着し、野生スイカから栽培スイカへ、カラハリから日本へといったスイカのきた道に思いをはせる。

■四六判並製・約200頁　予価二,〇〇〇円＋税

ISBN978-4-653-04235-8

人類学者は草原に育つ

変貌するモンゴルとともに

小長谷有紀（人間文化研究機構理事・国立民族学博物館併任教授）著

フィールドワーク選書9

遊牧世界と社会主義――人類史に残る大きなうねりを経験したモンゴル。その変貌をまのあたりにした著者の、次第に変容していく思考と行動の道筋を追う。言語の習得にはじまる留学経験、骨身を削って疾走した日々、多くの人々を繋いだNPO活動から散在した資料の収集まで、モンゴルとの関わりから自然発生的に展開してきた数々の活動を通時的に物語り、多様なフィールドワークのかたちと、その可能性を問う。初公開となるフィールドノートを収録！

■四六判並製・約210頁　予価二,〇〇〇円＋税

ISBN978-4-653-04239-6

中世禅籍叢刊

同編集委員会 編

（編集委員）阿部泰郎・石井修道
末木文美士・高橋秀榮・道津綾乃

既刊

第一巻　栄西集　一五、〇〇〇円＋税
第六巻　禅宗清規集　一九、〇〇〇円＋税

近刊　第五巻「無住集」

真福寺・称名寺所蔵の禅籍を中心に、新発見の著書や文献なども含め、その他機関の現存貴重写本を詳細精密な影印・翻刻・解題により横断的に紹介。密教や諸宗教学との思想的交流のなかで成立してきた、初期禅宗の多彩な性格を明らかにし、中世前期の仏教の全体像に新たな光を当てる、仏教学・国文学・日本史学など、諸分野にわたって画期的な意味を持つ資料叢刊。

■菊判上製・約500頁　各巻予価二〇、〇〇〇円＋税

5巻：ISBN978-4-653-04175-7
ISBN978-4-653-04170-2(セット)

五山版中国禅籍叢刊

椎名宏雄（龍泉院住職）編

既刊

第一巻　燈　史(一)　二四、〇〇〇円＋税
第七巻　語　録(二)　一八、〇〇〇円＋税
第九巻　語　録(四)　二三、〇〇〇円＋税
第十巻　詩文・尺牘　二三、〇〇〇円＋税

近刊　第十一巻「詩文・詩話」

今日では散逸、あるいは閲覧困難な宋版・元版禅籍の本文・形態を伝える五山版禅籍の善本を各地から一堂に集成、影印版とし、編者による詳細な解題を付して刊行する。禅籍本文研究・禅学思想研究の一助とすると同時に、日本中世の禅学の学問体系、出版文化の系譜の究明に寄与する、仏教学・国文学・歴史等、関連各分野の研究者に必携の重要資料。

■第十一巻　B5判上製・598頁　二〇、〇〇〇円＋税

11巻：ISBN978-4-653-04161-0
ISBN978-4-653-04150-4(セット)

牧田諦亮著作集

同編集委員会 編

（編集委員）大内文雄・落合俊典・衣川賢次・齊藤隆信
高田時雄・直海玄哲・船山徹・宮井里佳・本井牧子

近刊　第一巻「疑経研究」

中国仏教史研究の泰斗、牧田諦亮の研究の全貌を明らかにする。①疑経研究、②中国仏教史研究1、③中国仏教史研究2、④五代宗教史研究・中国近世仏教史研究、⑤策彦入明記の研究、⑥浄土教研究・徹定上人研究、⑦宋代仏教から現代仏教、⑧雑篇（含・総索引）の全巻予定。第1回配本は第1巻。（第2回配本は第6巻の予定。）隔月配本予定。

■第一巻　菊判上製・約480頁　一一、〇〇〇円＋税

1巻：ISBN978-4-653-04201-3
ISBN978-4-653-04200-6(セット)

図34　ラクダに乗ったトゥアレグ人。トゥアレグ人のもとでは、男性が青いヴェールをかぶり、女性はヴェールを身につけないなど、アラブ系の人びととは異なる慣習をもっている。

白人系トゥアレグ人と、彼らが奴隷化をくり返した砂漠南縁の黒人系定住民とのあいだには、十世紀以上にわたる対立がつづいてきたのだ。両者のあいだの対立は今日もなおつづいており、西アフリカに政治的混乱をもたらす火種のひとつになっている。

トゥアレグ人の主人たちが遊牧とサハラ交易でさかえていたあいだは、ベッラと呼ばれる過去の農耕奴隷の多くは、もとの主人のもとで暮らしていた。しかし、一九八〇年代に前代未聞といわれる干ばつに襲われた結果、家畜の九十パーセントが失われ、サハラ交易も衰退してしまったので、トゥアレグ社会全体が危機におちいってしまった。そのため、主人であった遊牧民の多くが難民化したし、解放奴隷や鍛冶屋はなおのこと困窮におちいった。そこで彼らは元の居住地を離れて、大挙してガオなどの都市に避難してきたのだ。

トゥアレグ人の独立運動

難民化していたトゥアレグ遊牧民の多くは、砂漠に緑が回復するにつれて砂漠へと帰還していった。しかも、リビアのカダフィー政権が強力に支援したこともあり、サハラ砂漠中央の四ケ国にまたがるトゥアレグ独立国を建設するべく、各地で武装蜂起や独立運動を強めていった。さらに二〇一二年にカダフィー政権が転覆すると、リビア軍に吸収されていた三千人といわれるトゥアレグ人兵士が、ロケット砲や対空ミサイルなどの最新の武器とともにマリに帰還し、彼らの独立要求は一段と強化された。その結果、二〇一二年一月からマリ政府軍との全面的交戦に入り、その戦いで勝利をおさめた彼らは、同年六月にガオやトンブクトゥをふくむマリ北半分の独立を宣言したのだ。

マリの旧宗主国であるフランスも他の西アフリカ諸国も、こうした一方的な独立宣言に対しては強く非難した。しかし、砂漠の遊牧民と南部の定着民とのあいだの根深い対立を知っている彼らは、それ以上の介入をしようとはしなかった。ところがそこに「マグレブ諸国のアルカイダ」などのテロリスト集団が入り込み、トゥアレグ人穏健派を追放して権力を掌握したことで、事態は大きく変化した。

イスラーム法による支配を宣言した彼らは、恣意的な裁判や法の支配をくり返しただけでなく、トンブクトゥの文書館に保存されている古文書に火をつけたり、聖者の墓などの文化財を破壊したりするなどの蛮行に出た。さらに彼らは、住民に対する弾圧と周辺諸国へのテロ行為を拡大させていった。十人の日本人をふくめた多くの外国人が犠牲になったアルジェリア中部の天然ガス施設へのテロ行為をおこなったのも彼らであり、その出撃基地はなんとガオ市におかれていたのだ。(注1)

その勢力がさらに拡大するのを恐れたフランスは、二〇一三年一月に軍事介入を決定した。フランス軍は空から徹底して叩くことでテロリスト集団を弱体化させ、つぎに地上軍を派遣することで彼らの一掃をめざした。フランス軍はマリ軍や西アフリカ諸国軍と連携して彼らの排除につとめ、開戦から三週間後には、ガオ市をふくむマリの北部と東部で一応の治安の回復を実現した。しかし、北部地域はそれから一年たった二〇一四年二月の段階でも潜在的な戦闘状態にあるとされ、この地域への外国人の立ち入りは許可されていない。現地の人びとを乗せたバスやトラックは定期的に走るようになっているが、政府の要人などはいまだに軍用機で移動しているような状態だ。完全な治安回復には、ほど遠いのが現状なのだ。

ガオ市に向かう

私たちが二〇〇一年にはじめてガオに行ったときには、トゥアレグ人の独立運動もまだ活発にはなっておらず、ガオは静かな田舎都市という雰囲気であった。首都から一二〇〇キロメートルの行程なので、その日のうちに着こうと思えば、とにかく朝早く出なくてはならない。朝の五時に荷物

図35　首都バマコからガオに向かう途中、ホンボリまで来ると、行く手に奇妙なかたちをした岩山が見えて来る。

を車に積み込んで首都を出発すると、昼の一時過ぎに内陸三角州の商業都市であるモプチ市に着く。そこで昼食を兼ねて一休みし、ふたたび車を東に向けてひたすら走らせる。途中でパンクなどの故障がなければ、夜の八時か九時にはガオに着く計算だ。

私は内陸三角州で長年調査をおこなってきたので、モプチ市やその北にあるコンナという町までは何度も来たことがあった。しかし、その先へは、砂漠のなかを細く流れるニジェール川を航行する船に揺られてきたことがあったきりで、車でマリを西から東へと横断するのははじめてだった。

コンナの町を過ぎると、木々はまばらになり、赤茶けたラテライトの大地のなかに、とげのある低い灌木だけがぽつぽつと生えているだけだった。やがて道路の前に、千メートルもの高さのある巨大な砂岩の堆積がいくつも見えてくる。キノコのようなその砂岩の堆積を見ていると、乾燥地を走っていることもあり、まるで火星にいるかのような奇妙な感覚がしてきた。そうした砂岩の堆積の下にはたいてい小さな村が存在しており、一日に数本通るバスを待つ村びとの姿がよく見かけられた。

とはいえ、先を急ぐのが先決だ。写真を撮るのも早々に車を進めていくと、道の両側に、水に入った木々が立ち枯れしているゴシ湖が見えてくる。これも不思議な光景だが、ここまで来るとガオはもう遠くない。最初に行った二〇〇一年にはまだニジェール川に橋がかかっていなかったし、夜は渡し船が動かないので、途中の村で一泊することが必要であった。しかし、その翌年に中国の援助で橋が完成したので、つぎにガオに行った二〇〇三年には、走りに走って夜にはガオに着けるようになったのだった。

北の都市ガオ

ガオに着いた夜は、シセ君や助手と一緒に政府の宿舎に泊まることにした。政府の宿舎といっても立派な施設ではない。全国レベルのサッカーの試合や地区対抗のスポーツ週間があるので、各地から選手がやって来る。その彼らのための施設であるのだから、コンクリートの床にマットが置いてあるだけだった。なにしろタダなのだから、シャワーの水の出が悪いといっても、文句をもっていく場所はどこにもなかったのだ。

図36　ガオはニジェール川に沿った落ち着いた都市である。川からガオの港をながめる。

翌日は朝早くから、文化省の現地職員であるエル・ムフタール・トゥーレさんの案内でガオの街を歩いてまわった。ひとつは、二ケ月滞在することになる借家を決定するためであり、もうひとつは、ガオという都市を知っておくためであった。

一夜明けたガオの光景は、サバンナの都市や町に慣れた私の眼にはずいぶん異質なものに見えた。町を歩きまわると、川の近くはニジェール川が運んだ粘土質の土が堆積しており、水にめぐまれていることがわかった。しかしそれを少し離れると、赤茶けたラテライト質の大地が広がるばかりだった。ガオ市一帯の年間降水量は三百ミリメートル程度しかないので、ニジェール川がなければ飲み水にさえ困るような乾燥した土地だ。しかし、上流に降った雨水を二千キロメートル以上離れ

図37　フランス植民地政府により軍営都市として再建されたので、碁盤の目状に道路が走る小ざっぱりとしたガオの街並み。

たこの地まで運んでくるニジェール川のおかげで、人びとは飲み水に不自由しないだけでなく、米をはじめとする多くの食料の生産が可能になっているのだ。

ガオ帝国の最盛期であった十六世紀には、ガオの人口は十五万、「黄金の都」として知られたトンブクトゥの人口は十万を超えていたとされている。しかし、その後西アフリカの経済の中心が、北アフリカや地中海世界につながるサハラの南縁地帯から、ヨーロッパの船隊がやって来る大西洋沿岸地帯に移行したことにより、交易都市としてのガオやトンブクトゥの重要性は失われた。ガオの最盛期から三百年を経過した十九世紀半ばに、ドイツの探検家であり研究者であるハインリッヒ・バルトがこの土地をおとずれたとき、ガオは人口三百程度の寒村にまで零落していたのだ。

その後、十九世紀末にフランス軍が、アフリカの西端のセネガルからチャド湖に向けて植民地を拡大していくうえで、一種の軍営基地としてこの都市を再建した。軍事的目的で設立された街なので、街をつらぬく道路は広く、碁盤の目状に整然と築かれている。また、ひとつひとつの家の区画もゆったりととられているので、アフリカの都市の多くがそうであるような猥雑な雰囲気はなく、むしろ乾いた小ざっぱりとした印象をかもしだしていた。

交易都市の名残り

北の砂漠に近い都市であるせいかアラブ系の人が多く見られ、その多くが商業をなりわいとしていた。彼らの店に行くと、北のアルジェリアから運ばれてきた菓子や穀類、清涼飲料水、絨毯、衣服などが山のように積まれていた。マリの首都であるバマコ自体が内陸に位置しているので、沿岸部からそこまで運ぶ運送費がかかるうえに、そこからさらに一二〇〇キロメートル運ばなくてはならないのだから、どの商品も北の隣国から運んできた方が安くつくのだろう。十世紀以上にわたっておこなわれてきたサハラ砂漠を南北にむすぶ交易の威力を、身をもって知らされたような気がしたのだった。

文化省の現地職員であるエル・ムフタールさんが見つけておいてくれた家は二軒あった。一軒は町中にあるので便利はよいが、夜になっても騒がしいように思われた。それで、町の中心から少し南に行った、閑静な地区にある家を選ぶことにした。町中は安全だとはいっても、車は盗賊にねらわれる可能性があるので、夜はそれに乗って歩きまわらないように気をつけろ。また、門にはしっかり鍵をかけておくように。そう忠告されていた。

さいわい、私たちの車は中古であったので目をつけられることがなかったらしい。しかし、私たちがガオ市を離れる数日前には、数軒先の家に止めてあった立派な車がねらわれるという事件が起きていた。夜遅くに何者かに襲われて運転手が殺され、鍵と車が奪われたのだ。車をマリ国内で売ると足がつくので、盗賊はその車で西の隣国であるモーリタニアに向かったという。ところが、そこまで行くには一度ニジェール川を渡らなくてはならない。その渡し場に手配がまわっていて、盗賊は逮捕されたとニュースで知らされた。「車がぼろでよかったね」と、私たちは胸をなでおろしたものだ。

発掘デビュー

私たちの今回の目的であるガオ・サネ遺跡は、ガオ市の東七キロメートルのところにある。私たちの発掘チームは、運転手のカッシボ君と私とシセ君と首都から連れて行った助手のカンテ君、それに現地職員であるエル・ムフタールさんの五人を中心に、現場で掘ってくれる作業員の十人からなっていた。前の二列の座席に座った私たち五人と、荷台に乗った作業員の十人、あわせて十五人を乗せたピックアップトラックは、砂漠のような道路の砂に半分埋まりながら、毎朝遺跡まで向

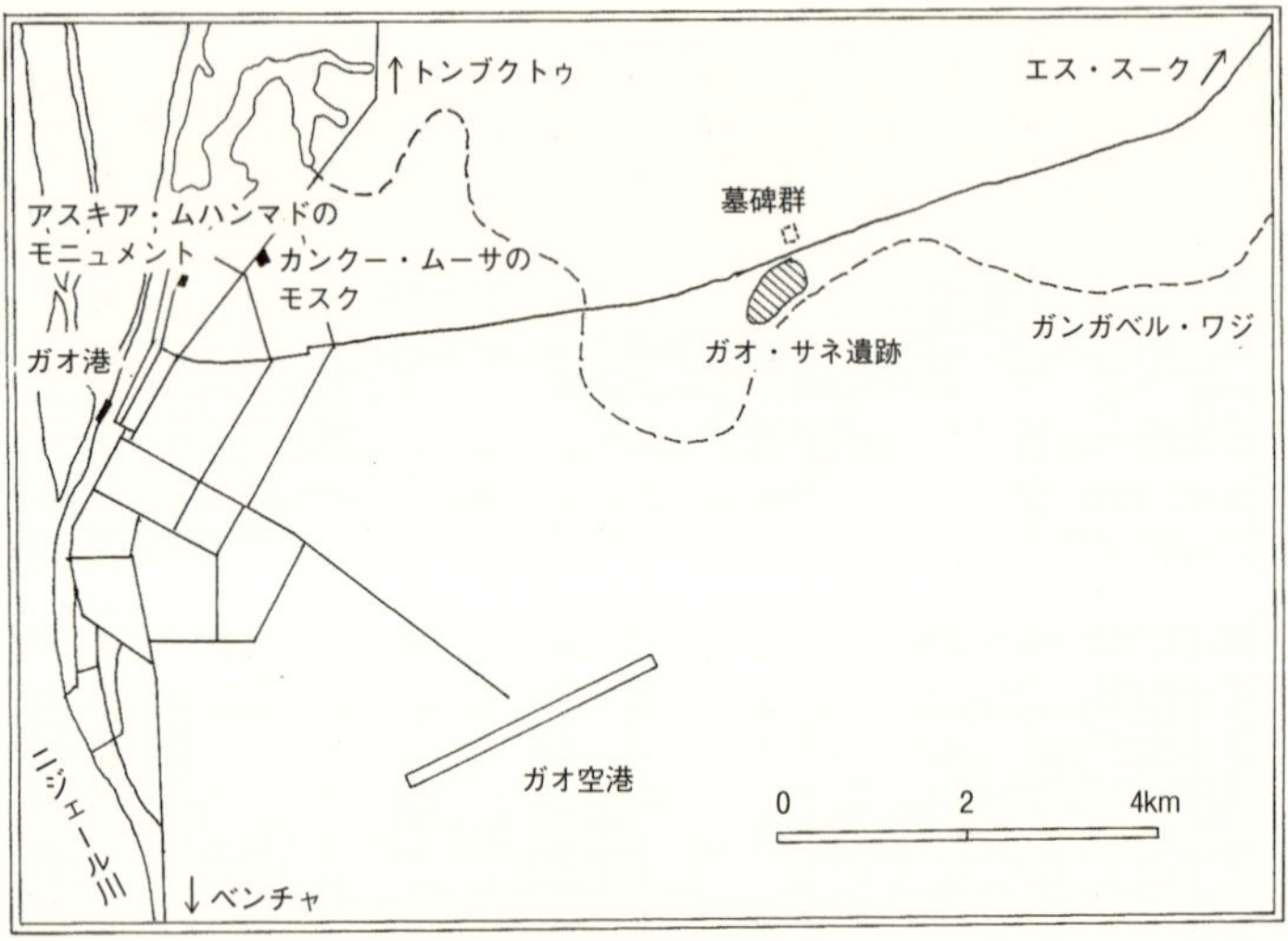

図38　ガオ市とガオ・サネ遺跡。

かったのだった。

遺跡の手前の土地に車をとめ、遺跡のうえにのぼって行くと、なんともひどいことになっていた。とにかく、どこもかしこも盗掘の穴だらけなのだ。穴は直径が五十センチメートルもないような小さなもので、ようやく大人ひとりが入れるような大きさである。数メートル掘り下げてガラス・ビーズなどが出土する層に達すると、今度はそこから横に掘って穴を拡大していき、手当たり次第に遺物を盗るのだということであった。穴が崩れて生き埋めになる危険がないのか、掘っていて怖くないのかと思うが、盗っ人はそういうことには無頓着であるらしい。とにかく早く広く穴を掘って盗品を得ることが、なにより優先されているようなのだ。

穴の数がいくつあるのか数えてみようとし

図39　ガオ・サネの遺跡に行くと、表面にはいたるところ盗掘の跡があり、発掘が可能か心配になったものだ。

た。しかし、とても数えきれるようなものではないことがすぐにわかった。それで、五メートル四方にある穴を数えて、それを遺跡の面積にかけてみることにした。すると、七百メートル×四百メートルの遺跡に二千個以上の盗掘の穴がある計算になった。なんともあきれるばかりの熱心さだ。これほど盗掘されているのでは、発掘できる場所などないのではないか。誰もこの遺跡で発掘をしようとしなかったのは当たり前だ。そう心配になったものだ。

しかし、遺跡のうえを歩きまわって確認していくと、北側の斜面はほとんど盗掘がなされていないことがわかった。また、中央のもっとも高い部分でも、かろうじて二メートル×三メートルの発掘ができそうな場所があることもわかった。話しあった結果、シセ君は北側の斜面で三メートル×三メートルの発掘をおこない、私は中央のもっとも高い部分で南北に長い二メートル×三メートルで掘ることを決めた。私の晴れの発掘デビューである。とはいっても、ひとりで掘れるほどの技量がこのときの私にそなわっているはずはない。困ったときには三十メートルほど離れたところで掘っているシセ君にたよることで、なんとかデビューとなったのだ。

発掘の手順

発掘はつぎのような手順でおこなう。まず遺跡を歩きまわって、表面にある土器その他の遺物をくわしく見て、興味深く思える箇所を発掘対象として選び出す。そこに東西南北を正確にはかって四方に杭を打ち、ほそいロープを張って発掘区画とする。そのすぐわきに、深さを計測するための基準点となる杭を打ったあとで、表面にあるものをすべて採取して袋に入れ、ノートにとる。それから、ロープの内側をレベルをさだめて掘っていくのだ。

今回は遺跡がかなり深そうに思えたので、四十センチメートルでレベルを変えることにした。それで、四十センチメートルごとに土器と出土品を別々の袋に入れると同時に、一枚の用紙に土の色や質、出土品の特徴と個数、建造物があらわれればその形態や特徴などを書き込んでいく。出土品の袋は、土器を入れる布製の袋のほかに、鉄製品、ビーズや銅製品、骨に分けて入れる。また、炭化物が出てくれば年代測定の手がかりになるので、アルミフォイルでつくった袋に入れ、その場所と深さを別の紙に書く。もちろん各レベルで写真を撮り、できればスケッチも描きそえる。それが終わるとつぎのレベルに移行し、おなじ作業を遺跡の底に着くまでくりかえすのだ。

はじめのうちはシセ君も心配らしく、半々に近い状態で行ったりきたりしてくれた。一方、私の方には運転手のカッシボ君がついていてくれたので、安心だった。彼の父親はおたがいにフランスに留学していたときからよく知っているし、彼についてもまだ十代のときから知っていた。マリの慣習でいえば、父親の友人はほとんど父親のようなものである。それに、過去二年にわたって発掘をともにしてきたのでたがいに気心も知れていた。しかも彼は陽気で気のまわる性格であったので、作業員を動かすのに私をよく助けてくれたのだ。

区画をさだめたなら、あとは掘っていくだけだ。五人の作業員が私の方についてくれたが、リーダー格はアビジンという初老の男であった。もとトゥアレグ人の奴隷であったベッラであるせいか、性格は少々偏屈ではあるが、とにかくよく働く。いかにも職人、それも人のいうことに耳を傾けない職人という感じであった。しかも彼は、よく働く人間であるせいか、他人もよく働かないと我慢ができないたちであるらしかった。それで、彼は怠けがちな他の若い作業員を叱咤してくれたので、私をよく助けてくれたものだ。

とはいっても、彼らは農作業にもちいる小さな鍬でもうれつな勢いで掘っていくので、油断をしているとすべてを壊してしまう。それで、つきっ切りで彼らの作業を見守り、土の色の変化があれば壁や床である可能性があるので、彼らの手をとめてくわしく観察して、みずからシャベルで掘ったり、ブラシをかけて少しずつ削っていったりしなくてはならないのだ。

作業員が五人いれば、そのうちの三人がかわるがわる掘りを担当し、掘った土を鉄製のバケツに入れて運んでいく。その土を、残りのふたりがふるいを使って土器と出土品を見分けていくのだ。彼らの目は日本人とは比較にならないぐらいに良いので、小さなビーズや銅の破片なども見つけるのは得意である。ただ、土器の変化や変わった出土品の出現は重要な意味をもっていることがあるので、そちらにも研究者がついて見守っていなくてはならない。それで作業に当たっては、少なくともふたりの専門家が発掘区ごとに必要なのだ。

最古の日干しレンガ製建造物を掘り出す

少し掘り進めていくと、思いがけないことに私たちの方が当たりであることがわかった。掘りはじめて三日目には、長方形の日干しレンガを積み重ねた立派な壁を掘りあてたのだ。日干しレンガは長さ六十センチメートル、幅三十センチメートルの堅固なものであり、現在もちいられている日干しレンガが四〇×二〇センチメートルなので、ふたまわりほど大きな計算になる。それをもちいてつくられているのだから、建造物の壁の厚さは六十センチメートルもある立派なものであった。これが、表面から三十五センチメートルのところから九十五センチメートルの深さまでつづき、その下にはさらに別の構造物が二つあらわれて二・二八メートルの深さまでつづいていた。

私たちが発掘前に想定していたのは、この遺跡は隣接する墓碑とおなじ十一―十三世紀のものだろうということだった。十一―十三世紀というと、ガオの初期王朝に相当する時期だ。この時期は、

図40　ガオ・サネ遺跡で掘りはじめて3日目には、日干しレンガでできた建造物に行きあたった。ここで見つかった長方形の日干しレンガは、西アフリカ最古のものであることが判明した。

西アフリカの諸王国に関する記載がアラビア語の資料に登場しはじめ、しかもその記述がしだいに詳細になっていく時期であった。そのように西アフリカに対する関心がイスラーム世界で高まっていた時期ではあったが、北アフリカとの交流はそれほど密接にはなっていなかったのかもしれない。北アフリカで広く普及していた長方形の日干しレンガをもちいた建造物は、私たちの発掘以前には西アフリカでは発見されていなかったのだ。

他の地域と比較するなら、紀元前三世紀から十四世紀までの居住が確認されているジェンネ・ジェノ遺跡では、建築にもちいられていたのは手で丸めて乾かしたレンガであり、それが十九世紀まで使われていたことが確認されている。一方、ずっと北に位置するサハラ砂漠のなかの交易都市では、長方形の日干しレンガをもちいた遺跡がかなり古い時期から報告されていた。とすると、私たちの掘っているこの遺跡は北アフリカからの交易者が住んでいた町なのだろうか。しかし、ここは乾燥サバンナであり、砂漠ではない。であれば、いったい誰がここに住み、日干しレンガで家を築いて暮らしていたのか。自分で掘っていく過程で、日に日に新たな発見があり、つぎつぎに疑問が浮かんでくる。わくわくするような感覚を得た瞬間であった。

私はそれ以前に、二十年間ほど西アフリカで文化人類学の調査をしていた。人類学の場合には、問いが生まれ、その問いに答えられるようになるには、何ケ月、何年という時間が必要である。人びとの日常生活や宗教的実践をすぐ近くで観察しつづけ、補足的な説明を求めて彼らに質問をくり返し、さまざまなデータを積み重ねていくことで、ようやく疑問に対する答えが得られるのだ。ところが発掘の場合には、もちろんチャンスの有無にかかっているわけだが、作業を開始して三日目には謎に突き当たり、問いが向こうから生まれてきたのだった。これはたまらないな。病みつきになりそうだな。そう思った瞬間であった。

さまざまな出土品

私の当たりはまだまだつづいた。表層に近い建造物の下からは、別の種類の日干しレンガ製の構造物が出土し、その内部には炭化した米がびっしりと埋まっていたのだ。残念なことにそれらは灰

図41　日干しレンガ製構造物の下部からは、土でつくった奇妙な構造物が出現した。半円形の構造物のなかには炭化した米がつまっていたので、米を入れておくための穀倉であったのだろう。

になってしまっていたので、年代測定の手掛かりにすることはできない。しかし、大量の米が備蓄されていたことが確認されたのだから、それが意味するところは大きかった。この遺跡に住んでいた人たちが米を主食としていたことが、はっきりしたのだ。

また、その新しい建造物のすぐわきからは、多くの良質の土器片とともに、完全なかたちをした土器製ランプが出土した。中央上部の穴から油を入れ、横にあいた口に芯をたらし、そこに火をつけるようなタイプのものである。これはのちに、北アフリカでもちいられていたものと同タイプであることが判明した。

おなじように、北アフリカから運ばれてきたガラス製ビーズや、銅片も数多く出土

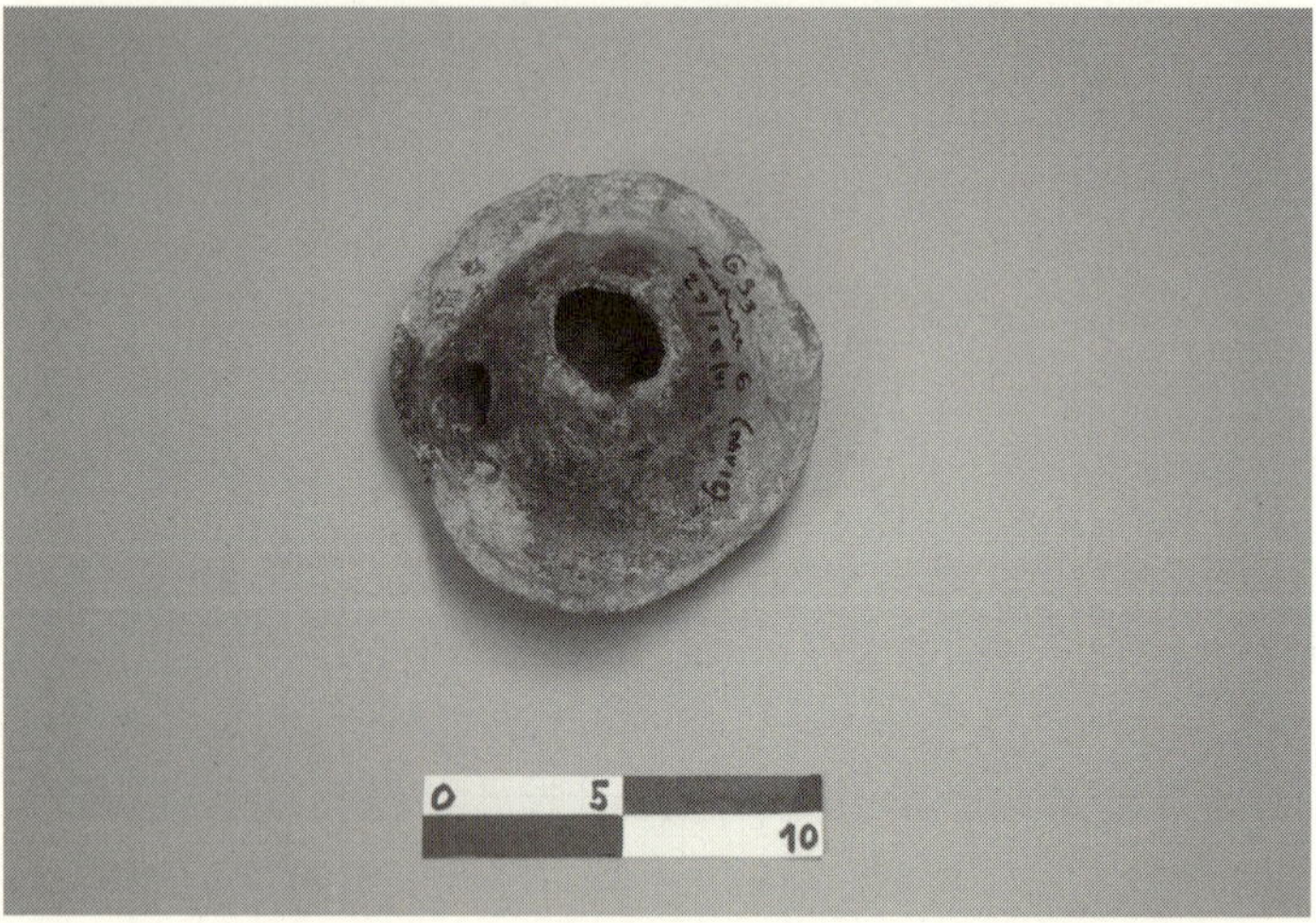

図42　ガオ・サネ遺跡から出土した土製のランプ。北アフリカで使用されていたのと同形のものだ。

した。ガラスは熱帯アフリカでは製造されなかったというのが定説なので、ガラスが出るということは、サハラ越えの長距離交易が活発におこなわれていたことの証拠といえる。一方、銅の産地は西アフリカでは二、三ケ所しかないので、砂漠を越えて北アフリカから運ばれたものを別にすれば、西アフリカ内でおこなわれていた中距離交易の産物であったと考えられた。

このように豊かな発見に恵まれた私たちにくらべ、かわいそうなのはシセ君であった。彼の発掘はゴミ捨て場に行きあたり（ゴミ捨て場に行きあたるのは、その後も一貫した彼の得意技だ）、多くの出土品があるにはあるが、あまり価値のないものばかりであった。それに、砂や灰や

図43　ガオ・サネ遺跡から出土した土器片の一部は、多色の釉薬と独特の紋様のある、他に類を見ない土器だ。

土器片がまぜこぜになって地層が混乱していたので、層位分析も年代測定も期待できそうになかった。しかしこれで、なぜ北側の斜面で盗掘がおこなわれていなかったかがはっきりした。捨てられるほど価値のないものしかない場所を掘り起こす盗掘者など、いるはずはないからだ。

とはいっても、ゴミ捨て場にはゴミ捨て場の価値がある。それは、土器片をはじめとする廃棄物が数多く出土したことであった。二つの発掘からは合計で二千点を越える土器が出土したが、私たちがおこなったような小規模の発掘としては驚異的な数字といってよい。また、直径五センチメートル程度の小さな坩堝が二十六点出土しており、その内側には融解したガラスが固着していた。北アフリカから運ばれてきたガラスをおそらくここで融解して、ビーズへと加工していたのだろう。実際、出土品のなかには、作りかけで放棄されたビーズがかなりの数存在していたのだ。

しかし、いったい誰が、ガラスを融解してビーズを制作する技術をもっていたのか。ガラス製ビーズが地中海世界から輸入されていたというのなら話は簡単だが、ガラス製ビーズが製造されていたとなると話はまったく別である。そんな事例は、西アフリカではそれまでに一度も報告されたことがなかったからだ。このようにして、掘り進めていくうちに謎がつぎつぎに生まれてきて、私のノートもシセ君のノートも記述と疑問符でいっぱいになっていったのだ。

ガオ・サネ遺跡の謎

土器はたくさん出土したが、その種類もまた多様であった。紋様についていえば、早期の土器に多い縄目紋様が二十七パーセント、彩色のある土器が二十五パーセント、紋様のまったくない土器が十三パーセント、その他三十五パーセントであった。彩色のある土器の多くは、赤や薄茶色や白の装飾がほどこしてあり、回転式のろくろ板をもちいた見事な出来栄えであった。一方、それとほぼおなじだけ出土した縄目紋様の土器は、大型かつ厚手で、ろくろをもちいず手でかたどったものであり、陶土の質も均一ではなく、多くの穴があいていた。お世辞にも見事な出来栄えとはいえないようなものであった。しかも、これら二種の製法のまったく異なる土器が、異なる層ではなく、おなじひとつの層から出てきたのだ。

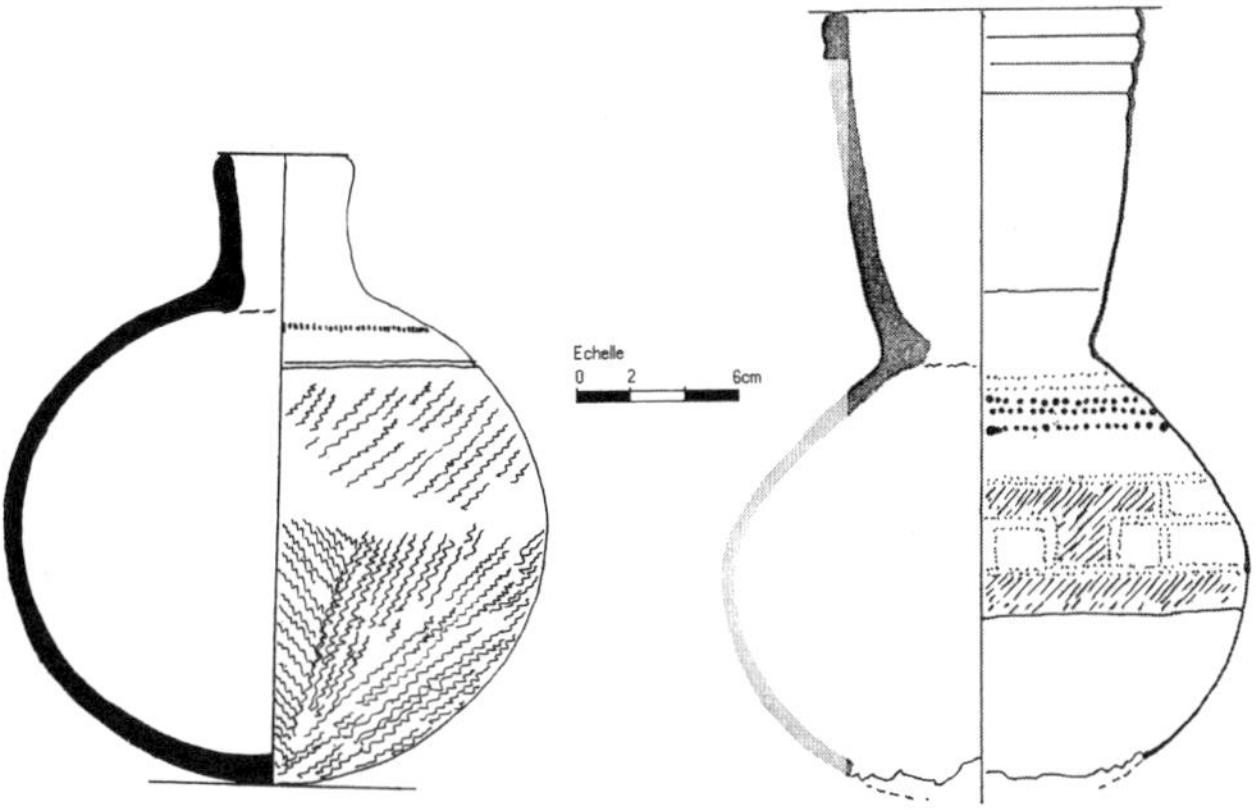

図44　ガオ・サネ遺跡から出土した瓶形土器。

このことも私たちには謎であった。遺跡の下層に完成度の低い縄目紋様、上層により洗練された彩色土器というように時代を違えているのであれば、土器の製造技法の進化として解釈することができる。しかし、これほど異なるタイプの土器が、おなじ時期の層から出ているのはなぜか。文化的背景を異にする製造者が、おなじ時代、おなじ土地に共存していたと考えるべきか。あるいは、より洗練された土器がどこか他の地域でつくられ、交易品として運ばれてきたと解釈すべきか。そのいずれかだと思われたが、交易品であるとすればその数はかぎられているはずなのに、それにしてはその割合が多すぎる。どのように解釈するか、頭を悩ませたところであった。

土器の謎はもうひとつあった。形状の判明できた土器のうち、瓶形土器が驚くほどたくさん出てきたことだ。瓶形土器は首の部分が断然ほそいので、掘っていても目立つのだ。私たちがそれ以前におこなった発掘でも、それまでに報告されていた他の研究者の調査でも、瓶形の土器がこれほど多く出土したところは西アフリカにはどこにもなかった。シセ君はそれ以前にジェンネ・ジェノ遺跡で二シーズン掘っていたが、そこでも瓶形土器の出土はほぼ皆無であったと断言していた。

あとで確認していくと、西アフリカのサバンナ地帯でそれ以前におこなわれた発掘では、出土した土器のうち、瓶形のものの割合は一〜二パーセントというのがつねであった。それに比べると、私たちのこの遺跡での発掘からは、なんと五十パーセントもの割合で瓶形土器が出てきていた。掘っている私たちにもとても信じることのできないような割合であったのだ。

発掘を終え、首都に戻る

私たちの発掘は二ケ月つづいた。日曜をのぞいて、毎日朝の五時に起床し、朝食をとったあと車に乗ってガオ・サネ遺跡まで出かけて、作業員を監督しながら六時半には発掘を開始する。休憩をはさんで十二時半まで作業をして、そのあとまた車に乗って宿舎に戻って来る。埃まみれの体を洗った後で昼食をとり、軽い昼寝をしたあとで、四時からは土器やその他の出土品の分析をおこない、記録にとる。まわりはみなムスリムなので、ビールを飲みたいところだがそうすることもなく(たまにはビールのおいてあるホテルまでひとりで出かけて行ったが)、十時には眠りにつく。私としても発掘の指揮やデータの記録、午後からは出土品の整理というぐあいに慣れない作業をつづけていた

図45　ガオ・サネ遺跡からアルジェリアにつづく山地を見る。ガオ・サネの横の道路を、非正規移民を満載したトラックが毎週走っていたが、彼らはけっして希望地にたどりつくことはないのだ。

ので、夕食を終えるともうへとへとになり、倒れるように眠りこけたものだった。まったく聖者のような規則正しい生活を二ケ月にわたってつづけたのだ。

ガオ・サネ遺跡はガオの東に位置しており、遺跡のすぐ横を、キダルというマリ最北の町を通ってアルジェリアに向かう一本道が走っている。国際道路とは思えないほど、舗装もない細くて荒れた道である。そこを毎週一台のトラックが、密航者をいっぱいに乗せて北に向かって走っていくのだった。彼らの多くはガーナなどの沿岸諸国から来ており、砂漠を通りぬけ、北アフリカを経てヨーロッパに向かおうとする男女であった。おそらくここに来るまでに、かなりの苦労と出費をしてきたのだろう。ようやく出発できる喜びにふるえ、彼らは大声で歌を歌いながら、私たちが

図46　ガオ・サネ遺跡は7ｍを越える深度があったので、掘りながらつくっていった階段は2列になった。

作業をしているわきを通っていくのだった。

しかし、密航などそんなに簡単にできるはずはない。一緒に発掘している作業員たちは、「かわいそうに、彼らはだまされているんだよ」、といっていた。トラックがアルジェリアとの国境に近づくと、パスポートやビザをもたない彼らは検問所を通ることができない。そこで、トラックの運転手はその手前で彼らをおろし、地図を渡して、この地点で待っているからそこまで歩いて来るようにと告げて出発する。彼らは徒歩で迂回路を通ってその地点をめざすのだが、与えられた地図がそもそも間違っているのだから、トラックに合流できるはずはない。彼らは砂漠のなかで飢えと渇きに苦しみながら亡くなるのであり、運転手は運賃をだましとって稼いでいるのだ。マリの人間はそういうことを全部知っているから、こんなトラックで出発したりはしない。沿岸諸国から来て事情をよく知らない彼らだけが、だまされるのだよ。そういうのだった。(注2)

ともあれ私たちは発掘を終え、首都に戻ることにした。私の発掘は十七層、七・三〇メートルで、シセ君の発掘は十五層、六・三五メートルで文化的不毛層、つまり遺跡の底に到達していた。掘るのと並行して出土品の整理や土器の分類と記述を進めていたが、それを最終的にまとめ、報告書を仕立てる作業が残っていた。私もひとり立ちした最初の発掘から（ひとり立ちといってもシセ君におんぶにだっこであったが）、ようやく解放されたのだ。

ガオ・サネ遺跡の出土品

この発掘からは、どのような出土品が見られたのか。まず金属器についていえば、銅の破片がシセ君のところで三三三点、私のところで一一六点出土した。ただその多くが薄い板状の破片であり、耳輪と思われる数点と貨幣と思われる数十点を除いて、用途は不明であった。遺跡の表面には、鎌型の薄い銅片が大小二種類確認されており（それぞれ長さ二十五センチメートルと十五センチメートル）、大きさや厚さ、重さがほぼ均質であることを考えると、おそらく貨幣として流通し、必要に応じて製品に加工されていたのだろう。この遺跡からはかたちの明確な銅製品の出土はほとんどなかったので、おそらく他から運ばれてきた鎌状の銅片が、ここで融解されて加工され、製品として他の地域に輸出されていたのだろうと推測された。

鉄についていえば、二つの発掘のどの層からも、鉄を溶かした残滓であるスラグが大量に出土しており、ここで鉄が生産されていたのは疑いない。鉄製品はシセ君のところで一一一点、私のとこ

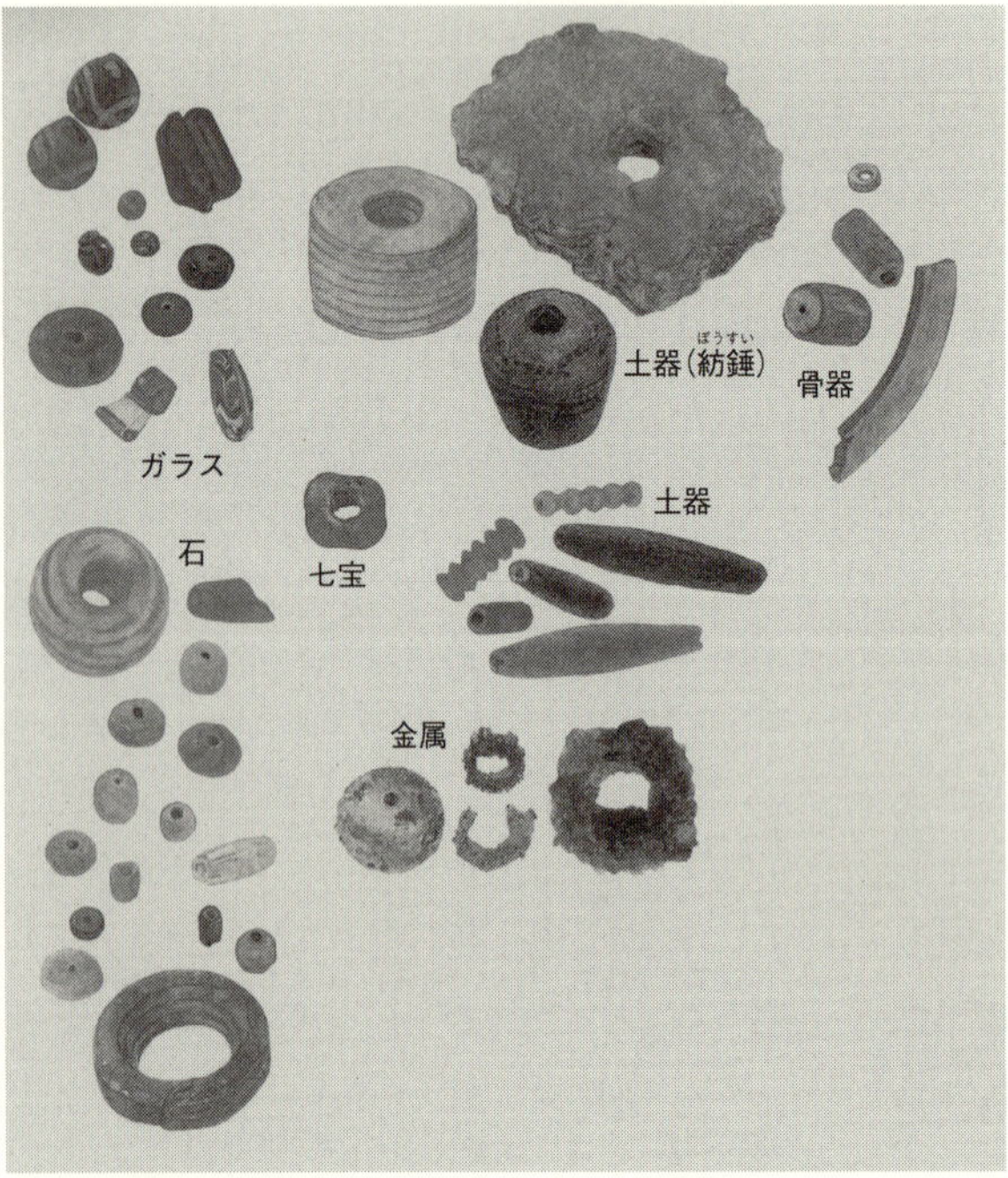

図47　ガオ・サネ遺跡から出土したさまざまなビーズ（左側がガラス製、上の3点が紡錘車、上右の3点が骨製、中央の6点がテラコッタ製、その下の4点が金属製）。

ろで八十四点出ており、その多くは用途を特定することが不可能な破片であった。形状が明確なものとしては、刃が二十四点、釘が約百点あり、そのほかに長さ二十センチメートルほどの、輪を二つ縦に連ねたものが二点見つかっている。これは馬具の一部と思われたが、状態が悪くて正確なことはわかっていない。ガオ市の近辺には鉄鉱石がごろごろころがっているので、これらはすべて地元の素材をもちいて生産されたのだろう。

ガオ・サネ遺跡の出土品のうちで、もっとも目立っていたのは数多くのビーズである。ビーズは全部で三八八点発見され、うち赤色のカーネリアンなどの貴石製が二十二点、骨製ビーズが十一点、テラコッタ製が一〇二点、ガラス製ビーズが二四三点あった。ガラス製ビーズの多くは濃紺の単色であり、そのほかでは多い順に黄、緑、赤、薄青の単色のガラス製ビーズがあった。その他、多色の模様のあるビーズも数点出土している。貴石とガラスのビーズは明らかに輸入品であり、テラコッタや骨製のビーズはこの地で加工されたものと考えられた。

出土したガラス製ビーズの数は、西アフリカの他の遺跡と比較すると圧倒的に多いものであった。たとえばジェンネ・ジェノ遺跡では、マッキントッシュ夫妻の十数年にわたる発掘にもかかわらず、ガラス製ビーズは全部で数十点しか発見されていない。それに比べるなら、ガラス製ビーズの数の多さは圧倒的であり、このガオ・サネ遺跡が北アフリカとの長距離交易の拠点であったのは疑う余地がなかった。また、ガラス製ビーズのうちのいくつかは製造途中で放棄されたものであり、ガラスを融解した二十六点の坩堝の存在といい、この遺跡がたんなるガラス製ビーズの輸入基地ではなく、製造・加工もおこなっていたことが確認されたのだ。

そのほかの出土品としては、石製の腕輪が一点、石臼の破片が数個、西アフリカで広く貨幣としてもちいられていたタカラガイが一点、糸を縒るための紡錘車が三点見つかっている。貨幣と思われる銅片の出土数に比べ、タカラガイの出土数が少ないのは、ガオ・サネ遺跡の時代にはまだタカラガイが貨幣として一般に流通していなかったためではないだろうか。タカラガイはインド洋のモルジブ諸島などから輸入されたものであるので、北アフリカとの交易がまだ少なかったこの時期には、輸入量そのものが少なかったのだろう。一方、三点の紡錘車は黒色の土器製で、幾何学文様の

表2　ガオ・サネ遺跡から出土した炭化物の放射性炭素同位体分析結果

試料番号	層	較正年代	サンプル番号
GS1-1	2	1083±42BP	Wk12629
GS1-2	7	1297±52BP	Wk12630
GS1-3	14	1227±42BP	Wk12631
GS3-1	2	1126±44BP	Wk12632
GS3-2	5	1189±54BP	Wk12633
GS3-3	12	1224±37BP	Wk12634
GS3-4	16	1246±37BP	Wk12635

ある見事な品であった。西アフリカでこれまでに出土した紡錘車としては、もっとも古い時代のものであることがのちに確認されたのだった。(注3)

ガオ・サネ遺跡の年代

この遺跡の時期を特定するために、放射性炭素同位体の分析を七点おこなった（表2）。これで得られた数字から判断するかぎり、この遺跡が西暦七〇〇年から九〇〇年にかけて占有されていたと考えてほぼ間違いない。ただ、遺跡の深さが七メートル以上もあるのに、居住の期間が二世紀と短いことが問題になるかもしれない。しかしこの遺跡は、現在は涸れているが、過去には北東の方角から流れてきた川が遺跡をとりまいていたことが明らかであり、それを考慮するなら、居住可能な土地は限定されていたはずであった。そのため、同一地点での建て替えを余儀なくされており、それがくり返されたことで土の急激な堆積がおこなわれて、遺跡が高くなったと解釈されたのだ。

先にも述べたように、この遺跡の北側にはイスラームの墓碑の並ぶ墓地があり、墓碑に書かれた物故者の記述からは、西暦一〇八八年から一二六四／五年という数字が得られている。それで私たちも、発掘をおこなう以前には、他の研究者とおなじようにこの遺跡が同時代のものだと考えていた。しかし、放射性炭素同位体分析により、それより三世紀半ほど時代をさかのぼっていることが判明したのだった。これは、自分でいうのもなんだが一大発見であった。多くのガラス製ビーズや銅製品が見られることから長距離交易の拠点であったことが確実なこの遺跡の年代が、十一―十三世紀から八―十世紀初頭へと、大きく時代をさかのぼることが明らかになったのだ。

それだけでなく、この発掘は従来の通説をことごとくくつがえす異例ずくめのものとなっていた。長方形の日干しレンガは西アフリカではかなりのちになってから広まったという通説がくつがえされたこと、西アフリカでもっとも古い紡錘車を発見したこと、ガラスを融解するのにもちいられた坩堝とつくりかけのままのガラス製ビーズが出土したこと、瓶形土器の割合の多さが西アフリカではまったく例外的であったこと。過去の人びとの生活の実態を映すこれらの出土品、しかも従来はずっとのちの時代になって西アフリカに普及したと信じられていたこれらの産品が、アラビア語の史料にわずかに言及されているだけの八世紀から十世紀初頭というきわめて早い時期のガオ市近郊の一遺跡から、ひとまとまりにあらわれてきたのだ。

以上をまとめることで、なにがいえるのか。ガオ・サネ遺跡の最大の特徴は、輸入品の多さであり、北アフリカないし中東地域の影響の圧倒的な大きさである。私たちのあわせてわずか十五平方メートルの発掘から、ビーズが三八八点、うちガラス製ビーズが二四三点も出土しているが、これは西アフリカでは例外的な数字だ。ジェンネ・ジェノ遺跡では数十点のガラス製ビーズしか発見されていないし、ガーナ王国の首都（交易都市）であったとされるクンビ・サレーの一三〇平方メートルの発掘からも、ビーズは全部で三一四点、ガラス製ビーズは二二〇点しか発見されていない。これらの遺跡と比較すると、ガオ・サネ遺跡における長距離交易の産品の多さは明らかであり、これがサハラ縦断交易の拠点であったことは疑いの余地がない。

それ以上に興味深いのは、異国の商品が遠くから運ばれていただけでなく、この地でも製造・加工されていたことが確実になったことだ。ガラスを溶解するのにもちいられたと考えられる二十六個の坩堝や、遺跡の各層から出土したスラグと鉄製品の多さ、三百点を超える大量の銅や銅製品の破片、二千点を越える完成度の高い土器片の数々。これらを考えるなら、ガオ・サネ遺跡が北アフリカと西アフリカをむすぶ長距離交易の拠点であっただけでなく、多くの工人が居住する手工業都市でもあったと解釈するのが妥当だろう。

この遺跡に住んでいたのは誰か

それだけではない。長方形の日干しレンガの使用は西アフリカでは例外的であり、八百キロメートルしか離れていないジェンネ・ジェノでは百年前まで丸い日干しレンガがもちいられていたこと、西アフリカでも最古の紡錘車が出土していること、北アフリカで使用されていたのとおなじ形状の土製ランプが出土していること、材質や形状、装飾の点で、まったく種類の異なる土器がおなじ層から出土し、しかも瓶形土器の割合がきわめて高いこと。西アフリカの他の遺跡から出土した品々と比較するなら、この遺跡の出土品の特異性は際立っている。

以上の事実は、なにを意味しているのか。先にも言及したように、製法や形態がまったく異なる土器が、しかもおなじ層から出現していることは、他から輸入されていたというより、文化的背景の異なる製作者がおなじ時代に共存していたことを推測させるものだ。日干しレンガの使用や瓶型土器、土製ランプなどの他の特徴ともあわせて考えるなら、おそらくこの遺跡に住んでいたのは、サハラ南部の黒人系の住人とともに、北アフリカから来た工人・交易者の集団であった。彼らは、北アフリカの諸都市で製品を製造して、それを砂漠を越える交易にまわすのではなく、より消費地に近いこの地にまで進出して、需要の高い製品を製造していたに違いなかった。そうすることで、彼らはほぼおなじ時代の日本で大陸からの帰化人が果たしていたように、より洗練された文物や技術を西アフリカに伝えていたのだ。

それでは、彼らはなにを伝えたのか。彼らは、北アフリカの伝統である長方形の日干しレンガをもちいた家に住み、現地でふんだんにとれる鉄の原料や、貨幣あるいは交換基準として搬入されてくる銅を完成品に加工し、現地で生産されるコットンや羊毛を布に織り、ガラスを融解してビーズを製作し、さらには美しい装飾土器を数多く製作していた。そうすることで彼らは、ガオ・サネを長距離交易の拠点としてと同時に、おそらく手工業のセンターとしても機能させていたのだ。

図48　ニジェール川の河口部にあるイグボ・ウクウ遺跡（10世紀）から出土した、ロストワックス手法によって制作された見事な銅製品。

　ニジェール川をずっと下っていくと、ギニア湾に面した河口に近い地点に、イグボ・ウクウという有名な遺跡がある。そこでは王の墓所とされていた箇所で一九六〇年代末におこなわれた発掘により、一五〇〇点あまりの見事な銅製品と、十万点を越えるガラス製ビーズが出土している。この遺跡は西暦十世紀ごろと見られており、アラビア語による記述がまだ乏しいこの時代に、サハラ交易の拠点から遠く離れたこの地で、これだけ大量の、しかも洗練された手工業品・交易品が出現することはこれまで謎とされてきた。しかも、銅の成分分析により、原料となる銅のほとんどが北アフリカ産ではなく、西アフリカで生産されたものであることが確実視されているのだ。

　この謎は、手工業都市としてのガオ・サネとリンクさせるなら、解くことができるかもしれない。ふたつの遺跡がほぼ同時代であること、しかもふたつの地点はニジェール川で結ばれていること、銅製品とガラス製品がいずれもふんだんに出土していることなど、両者のあいだに深い関連性があることは明らかだ。ふたつの遺跡で出土した銅の分析はまだなので仮説の域を出るものではないが、きわめて興味をそそる符合といえる。

私たちがガオ・サネ遺跡でおこなった小さな発掘から、八世紀から十世紀初頭という、アラビア語資料が西アフリカについてまだほとんど語っていない時期に、これほどの北アフリカの影響が西アフリカにまで入り込んでいたことを確認できたことは、私たちにも驚きであった。しかもその驚きは、ガオ市内で発掘をおこなった二年後になると、さらに大きなものになっていったのだ。

(注1) 新聞やインターネットで配信された写真や情報を見るかぎり、この事件の首謀者とされるエル・ムフタール容疑者がガオ市で住んでいた住居は、私たちが二〇〇六年の調査時に借り上げていた建物であった。なんとも奇妙な符合というしかない。

(注2) 砂漠で行き倒れになる密航者があいついだので、やがて沿岸諸国はこのルートを通る旅行者の出国を禁止した。逆にいえば、それほど多くの人命がこうした策略によって失われたということだ。

(注3) 西アフリカで発見された最古の布は、内陸三角洲のすぐ近くのドゴン社会で、埋葬用にもちいられている洞窟で発見された十一—十二世紀のものだ。紡錘車は十世紀以降のものがほとんどであり、ガオ・サネ遺跡の時期はのちに八—十世紀初頭と特定されたので、西アフリカ最古の紡錘車であることが確認されたのだ。

第五章　古ガオ遺跡　最古の王宮を掘り出す

マリ東部のガオ市へと方向転換

ガオ・サネ遺跡で発掘をおこなった二〇〇一年の翌年、私たちはメマでの発掘を再開した。メマの遺跡は、鉄器時代の遺跡と新石器時代の遺跡とがならんで存在していることが多いので、ひょっとすると鉄器時代の遺跡の下に新石器時代のそれが埋もれているかもしれない。そう考えて、私たちは鉄器時代の遺跡であるアクンボ遺跡を最下層まで掘りぬいたあとで、さらに下の層を掘り下げることにしたのだ。

すると、六十センチメートルほどの砂の厚い堆積の下から、それまでとはまったく形状の異なる土器が出土してきた。土器の出土したこの層は、採取した炭化物を放射性年代測定にまわした結果、紀元前三五〇〇年ごろのものであることが確認された。これは、西アフリカのサバンナ地帯でこれまでに発見された土器のうちでもっとも古いもののひとつである。

このことをはじめ、この年の発掘ではいくつかの成果をあげることができた。ところが、私たちがメマの発掘から首都に戻った直後に、隣国モーリタニアから物騒なニュースが飛び込んできた。砂漠をおとずれていた外国人観光客の誘拐事件が二件生じたというのだ。モーリタニアとマリとの

図49　アクンボ遺跡の最下層から出土した人骨。骨格を見ると華奢な女性であったに違いないといって、添い寝をしてみせるカッシボ君。

国境地帯では、それ以前にも外国人をねらった盗難事件が何件か生じていた。しかし、新たに生じたこの事件は過去の事件とは性格を大きく異にしていた。それは、過激化したイスラーム主義者たちが国際的なテロ組織であるアルカイダと提携することによって引き起こしたものであり、西洋人を誘拐することによって巨額の身代金を獲得することを目的とするものであった。また、その交渉に失敗したなら、西洋人の人質を殺すことを少しもいとわないという危険きわまりないものであった。

アルカイダ系の過激なイスラーム主義者にとって、日本人をふくめた非イスラームの人間はすべて「腐敗した敵」とみなされている。しかも彼らは、二〇一三年一月にアルジェリア中部で日本人十名をふくめた多くの犠牲者を出したテロ事件が示すように、きわめて組織され強力に武装化されていた。彼らの勢力がモーリタニアからマリにかけてのサハラ砂漠で伸長したことによって、この地域に外国人が行くことはもちろん、現地の研究者や役人の活動も不可能になった。その結果、この地域での研究活動や経済活動は一切停止されたのだ。

それでは、私たちはどうしたらよいのか。翌二〇〇三年にマリをおとずれたとき、テレバさんやシセ君をまじえて話しあった。その結果、私たちはふたたびガオ地区で発掘をすることを決めたのだった。前々年にガオ・サネ遺跡でおこなった発掘は、多くのガラス製ビーズや銅製品を掘り出しており、しかもその時代は、従来考えられていたより三世紀ほど古い八世紀から十世紀初頭の遺跡であることが確実になっていた。八世紀から十世紀初頭といえば、西アフリカに最初の国家が建設されたと考えられる時期だ。ガオ・サネ遺跡の出土品が示すような交易と手工業の拠点が西アフリカのサバンナ地帯に存在していたとすれば、それと並行して強力な国家も成立していたのではないか。こうしたガオ・サネ遺跡での成果と比較していくなら、ガオ市の歴史だけでなく、西アフリカにおける国家の発生過程をはじめ、西アフリカ史の理解に新たな貢献をなすことができるのではないか。そう考えて、調査地と研究テーマの転換をおこなったのだ。

過去の王都の発見をめざす

私はシセ君や調査助手とともに、車に乗ってガオ市に向かうことにした。ガオ市では、二年前に私たちを迎えてくれた文化省の現地職員であるエル・ムフタールさんが待っていた。二ケ月半の滞在を予定していたので、適当な家を見つけておいてくれるよう首都から電話で依頼しておいたのだ。彼の方でも、私の希望が街の中心部ではなく、若干離れた静かな住宅地であることを理解していたので、快適な一軒家を見つけることができた。食事をとるための居間とは別に四つの部屋があったので、各自の荷物やマットレスを置いても十分なスペースを確保できた。ただ問題は、砂地に建てられているせいか、サソリが部屋のなかにまで侵入して来ることだった。さいわい誰も刺されることはなかったが、部屋のなかでサソリを見つけて大騒ぎをしたことは二度や三度ではなかった。

発掘の許可はすでに首都の文化省から受けとっていたが、その書類をもって現地の役所に行って、あらためて承認をもらわなくてはならない。しかし、面倒な手続きもエル・ムフタールさんがすでに手配しておいてくれたので、すぐに片付けることができた。それで、私たちは首都を出た三日後には調査を開始することができたのだ。

ガオ市のなかには、十六世紀はじめに建てられたアスキア・ムハンマドの墓所とされる日干しレンガを積みあげた大きな建造物がある。これは、十五世紀から十六世紀にかけて、ガオを基盤として西アフリカ最大の国家を築いたアスキア朝ガオ帝国の初代の王であるアスキア・ムハンマドが生前に築いたとされるものだ。この建造物は、私たちの調査の時点ではユネスコに申請中であったが、その後に世界遺産に登録されることになった。このことが示唆するように、この建造物のあるガオ市北側の地区はガデイと呼ばれ、ガオ市の最古の地区とされている。実際、その地区を歩いてまわ

図50　ガオ帝国の最盛期の王、アスキア・ムハンマドが生前に建てたとされる墓所（16世紀初頭）。ユネスコの世界遺産に登録されている。

ると、建造物のあとや古い時代の土器が散在している箇所など、何ケ所かの遺跡の存在を確認できたのだ。

一方、私たちがガオ市に入る半年ほど前には、文化財保護局による全国調査の一環として、シセ君たちがガオ市とその周辺地域で遺跡の分布調査をしていた。それで、彼はガオ市周辺の遺跡についてもよく知っていた。そこで彼に案内してもらいながら、ガオ市郊外の遺跡も見てまわることにした。そのなかには、ニジェール川の対岸にあるコイラという大きな遺跡をはじめ、何ケ所か私たちの関心を引いたものがあった。

ニジェール川の対岸に向かったのは、十世紀の後半に書かれたアラビア語資料に奇妙な記述があるためだ。それによると、ガオ王国の首都は王都と商業都市の二つからなる双子都市であり、そのうち王の住む都市は「ナイル川（＝ニジェール川）の西岸にある」と明記されている。この箇所はこのあとでも重要になってくるので、そのまま引用しよう。

クークー（＝ガオ）はスーダーンの人びとの名前であり、彼らの国の名前である。……王は臣下の前でムスリムであることを公言しており、後者のほとんどもまたムスリムだ。王はナイル川の東側に、川に沿ってサーナと呼ばれる町をもっている。それは市場と商家がいくつもある町であり、あらゆる土地からたえまなく商人たちがやって来る。王はナイル川の西側にもうひとつ町をもっており、そこには彼と彼の一族と彼が信頼する人間とが住んでいる。そこにもモスクがあって王はそこで祈るが、共同の祈りの場所は二つの町のあいだにある。王は自分の町に宮殿を有しており、そこには彼と宦官の奴隷だけが住んでいる。

王都の位置をめぐる議論

この記述のいう「ナイル川」、すなわちニジェール川の東岸にある交易都市サーナというのが、私たちが二年前に発掘をおこなったガオ・サネ遺跡であるのは疑いない。サネとサーナでは発音も近いし、この資料が書かれたのが十世紀の後半であるとすれば、放射性炭素分析による八―十世紀初頭という遺跡の時期ともほぼ一致する。そしてイスラームの交易都市という記述も、ガオ・サネ遺跡から多くのガラス製ビーズや銅製品が出土したことによって確認されている。問題は、双子都市のもう片方、「ナイル川の西側に」あるという王都の方であった。

じつはこの点に関して、西アフリカ史の専門家のあいだで大きな議論が生じていたのだった。王都ははたしてニジェール川の西岸にあったのか、それとも、現在のガオ市が位置するニジェール川の東岸にあったのかという議論である。このような議論が生じていたのは、この記述にある「ナイル川」をどう解釈するかで見解がわかれているためであった。

ガオ・サネ遺跡をとりかこむように、ガンガレ・ワジと呼ばれる涸れ川が存在していることは地図からも明らかだ（116頁図38）。この川は北のティレムシ台地からホガール山地へとつながっていくものであり、今はすっかり涸れているが、過去には豊かな水量をもっていたことは幅広い沖積平野が存在することによって示されている。であれば、右の記述の「ナイル川」というのはこのガンガレ・ワジをさすのではないか。とすれば、王の住む都はガンガレ・ワジの西側にあるとしても、ニジェール川に対しては東側に位置することになる。いや、この「ナイル川」というのはニジェール川そのものをさしているのであり、いまだ発掘のおこなわれたことのないニジェール川の西岸にこそ、真の王都が存在したはずだ。そのような議論であった。私たちは発掘調査を通じて、この議論に終止符を打ちたいと考えたのだ。

私たちが新しく発掘をする箇所を決めるにあたって役立ったのが、二年前のガオ・サネ遺跡での発掘であった。それによって、遺跡の表面に残っている土器の形状や製造方法を見れば、各遺跡の時期の特定があるていど可能になっていたのだ。ニジェール川の対岸にあるコイラ遺跡のように規

図51　ガオの周囲にはニジェール川の自然氾濫を利用した水田が広がっており、乾燥地帯に位置するにもかかわらず、かなりの人口の維持することが可能である。

模が大きな遺跡があれば、過去に豊かな人間の生活が存在していたことの証拠と考えてよい。しかし、そこに洗練された土器が存在していなければ、庶民の生活の場であったということになり、王都の跡と考えることは不可能になる。

もちろん過去の庶民の生活形態を明らかにすることは重要な作業であり、それでわかることもたくさんある。しかし私たちは、いまだ発見されていない王都を確認することに魅かれていた。その観点からいうと、規模は大きいが、土器の種類と洗練さの点で劣るニジェール川西岸の遺跡での発掘は私たちの関心を引かなかった。それで私たちは、ニジェール川の東岸、ガオ市内の遺跡に的を絞ることにしたのだ。

古ガオ地区の空き地

ガオ市北部の古いガデイ地区には、ニジェール川の流れが土器を露呈させている遺跡や、アスキア・ムハンマドの墓所のすぐ東となりにある広場など、複数の遺跡を確認することができた。しかし、そのなかで私たちの関心を引いたのは、一三二五年にマリ帝国の最盛期の王であるカンクー・ムーサがモスクを建造したというので、今日まで空き地のままに残された土地であった。

実際、この遺跡の表面には大きな石が点在しており、それを丹念にたどっていくと、いくつか明確に列をなしている箇所があった。列になっているとすれば、過去の建物の痕跡である可能性が高い。そこを掘っていけば、過去の建造物を掘り出すことが可能になるかもしれない。そう考えたのだ。

もっとも一九五〇年ごろに、のちにパリのソルボンヌ大のアフリカ史講座の初代教授になるレイモン・モーニーがこの地をおとずれ、発掘を実施していた。彼はこの広場の東側の箇所で、ミフラーブ（メッカの方角を示す半円形の施設）のあるモスクを掘り出したほか、数ケ所で発掘をおこなっていた。その結果、彼はこれらの石が過去の建造物の跡ではなく、後世の建物の基礎石に過ぎないと断言していた。そのことばが影響したためか、ガオ市にはその後何人かの考古学者がおとずれていたにもかかわらず、この広場に点在している石の列をターゲットにした発掘は私たち以前には誰も試みたことがなかったのだ。

私たちは石の配列を確認するために、ガオ・サネ遺跡での発掘いらい顔なじみの作業員を十人

図52　発掘の作業は太陽を避けるために朝の６時半に開始され、12時半までつづけられる。

雇って、二百メートル四方の広場の全体を清掃することにした。ごみや小石を片付け、表面にたまっている砂をとりのぞくことで、石の列を確認しやすくしたのだ。それが済んだところで、シセ君とわかれて広場を歩きまわり、期待のもてそうな場所を探した。すると、多くの箇所では石が乱雑に並んでいるのに対し、石の列が二列平行に並んでいるところが一ケ所だけあった。「ここだ、ここしかない」。「これは過去の建物の跡に違いない」。私はそう判断したのだが、シセ君の判断もまったくおなじであった。彼もまたその場所に引きつけられていたのだ。

そこで、その石の列が途切れているあたりをかこむように、南北に六メートル、東西に六メートルの区画をさだめ、杭を打ってほそいロープを張った。発掘箇所の決定である。

それまで小規模な発掘をおこなってきた私たちとしては例外的な大きさであった。しかし、表面に見られる石の列を全部ふくめるためにはそれだけの大きさが必要であったのだ。

この広場はカンクー・ムーサが築いたモスクの跡だというので、カンクー・ムーサ遺跡と名づけることにしよう。するとこの発掘箇所は「ガオ市カンクー・ムーサ遺跡1（GKM1）」ということになる（この表現は、私たちの発掘した建造物がカンクー・ムーサの築いたモスクだという誤解を招きかねないので、のちに「古ガオ遺跡」と呼ぶことにした）。また、町なかのこの遺跡のばあいには深さの見当をつけることができないので、一応二十センチメートルごとにレベルを変えて掘ることにしよう。そう二人で話しあって決めたあとで、区画を二つに分け、シセ君は東側、私は西側を受けもって掘りはじめたのだった。

予想をはるかに超える大規模建造物

掘りはじめてすぐに、私たちの判断が間違っていなかったことが明らかになった。シセ君はすぐに、いくつかの石が孤立しているのではなく、大きな壁になって地中に埋もれていることを確認した。そして私の方は、幅二〇センチメートル、厚さ四センチメートルほどの正方形の焼きレンガでつくった壁を掘り出すことができたのだった。しかも、シセ君が確認した石の壁の厚さはとても信じられないほどの厚さであったし、焼いたレンガで装飾された石の壁が出てくるなどということも、まったく予想できないものであった。

図53　古ガオ遺跡での発掘風景。このときはカナダの女子学生が２名、首都の文化財保護局に研修に来ており、発掘の手伝いをしてくれた。

「これはなんだ」。「こんなものは見たことがない」。首都から来ていた私たち研究者や助手も、作業にあたっていた現地の作業員も、見たこともなく予想もしていなかったものが出てきたので心底驚いた。と同時に、未知のものを発掘できることの喜びに私たち一同興奮させられたのだった。

石の壁を残して掘っていったが、出土品はほとんどなかったし、二・五メートルほど離れた二つの壁のあいだの土にほとんど変化はなかったので、作業は容易であった。それに加えて、全員が熱をおびていただけに作業は予想以上にはかどった。最初の日から数えて八日目には、かなり広いこの区画の全体を一・三メートル掘り下げ、それまで西アフリカのサバンナ地帯では見たことも報告されたこともない巨大な建造物を、床まで完全に掘り出すことができたのだった。

私たちがその区画に見たものは、まったく予想さえしないものであった。それは厚さ一・二メートルの二列の石造りの壁であり、焼きレンガで見事に装飾された入り口部分から、北北西の方角に向かって二列平行にならんでいた（10頁図1）。入り口から向かって右側の石の列は途中で折れて東側の壁に、左側の石の列は西側の壁につながっていたので、掘り出したのが巨大な建造物の一部であることは明らかだった。石の列の深さは地表面から約一・三メートルであり、石の壁は直径三十センチメートル程度の丸い堆積岩と、平たい片岩とを組みあわせることで築かれていた。

なぜ、このように二種類の石が組み合わされているのか。シセ君も私も、首都から来ていた助手のカラポさんも、頭を悩ませたものであった。私たちは作業のあいまの休憩時間や、宿舎に帰ってからもくり返し議論をした。作業員のなかにはボンカナというガオ市の泥大工の棟梁がいたのだが、彼にもその理由はわからなかった。それで、私たちはできるだけ注意深く石の積みあげ方を観察することにしたのだった。

床面はよく叩かれて堅くつくられており、そのすぐ上に丸い堆積岩が二列（ところによっては三列）の高さに積み上げられていた。そして石と石のあいだは、土が塗り固められて補強されていた。さらにその上側には、長さ一メートル前後、厚さ十センチメートル程度の平たい結晶片岩が二列並べられており、それによって壁の高さは水平にそろえられていた。それらの石のあいだや石の上下にも隙間なく土が塗り込められて、平らな面が構成されている。その上に、ふたたび堆積岩を二列積み上げて壁を高めていく。そういう構造であった。

図54　古ガオ遺跡の建造物の壁。地元産の丸い石と、遠方から運ばれてきた平らな石を組みあわせてつくられていることがよくわかる（測量ポールの長さは1.25m）。

近くから見れば見るほど、そしてその仕組みを考えれば考えるほど、よく練りあげられた構造であることがわかってきた。高さのある丸い堆積岩と、水平をとりやすい平たい結晶片岩を組みあわせることで、高さを稼ぐことができると同時に、安定性も得ることができる。しかも壁の厚さが一・二メートルもあるのだから、建築時の建造物の高さがきわめて高いものであったのは疑いなかった。

今日ガオ市で建てられている建物は、長さ四十センチメートルの日干しレンガを積みあげたものなので、壁の厚さは四十センチメートル強であり、家の高さは一般に三メートルである。それとくらべるとこの建造物は、日干しレンガではなくより堅固な石をもちいていること、壁の厚さが今日の建物の壁の三倍もあることから、十メートルを超える高さの建造物であったのは間違いないと考えられた。しかもその入り口部分は、焼いたレンガできれいに装飾されているのだ。壁の厚さから推測される建造物の規模といい、焼きレンガによる装飾といい、西アフリカでおこなわれた過去の発掘では聞いたことも見たこともないものが、地中から出現したのだ。

多くの人びとの関心を引きつける

推測される建造物の規模があまりに大きなものであったし、どのような形状の建築物であるかを知りたかったので、私はシセ君とカラポさんと話しあって、ていねいな作業をするより、建造物全体の大きさと形状を確認することを優先させることにした。それで、大きな規模の区画をさだめて、つぎつぎに掘っていくことにしたのだった。最初の区画につづいて、そのすぐ西側に南北に六メートル、東西に四メートルの区画をさだめ、それをＧＭＫ２とした。それを掘り終えると、その北側に、南北に六メートル、東西に十メートルの区画をさだめ、ＧＭＫ３としたのだ。

こうした作業をつづけた結果、二ケ月半の滞在が終わるころには、東西に二十八メートル、南北に二十メートルのスペースをあらかた掘り出すことができた。急いだ発掘であったので、研究者の側も作業員の側もへとへとになっていたが、好奇心の方がまさっていたので継続することができたのだった。しかしそこまで掘っても、石の壁はまだつづいていた。この年の発掘では、北側の端も東側の端も確認することはできなかったし、西側の部分は現在家が建っているので、立ち退きを実

図55　さまざまな人びとが発掘現場をおとずれて、質問をくり返した。関心をもってくれるのはありがたいが、説明に時間をとられて発掘ができないことも少なからずあった。

施しないかぎり発掘をつづけることは不可能であった。

私たちの発見には当の私たち自身が驚いていたが、おそらくそれ以上に驚いたのはガオの市民であり、首都のお偉方であった。とにかく前例のない石造りの建造物の出現であったので、電話をするとテレバさんもすぐに首都から飛んできたし、引きつづいて文化大臣も視察にやってきた。ガオの市民の方も、自分たちの先祖が築いた建造物であるからうれしいのか。毎日鈴なりになって発掘現場をおとずれて、ああだこうだとそれぞれの見解を述べるのだった。

一般の市民はつつましく作業を見守ってくれるので問題はないが、お偉方となるとそうはいかない。この建物はいつの時代のものか。これほどの建造物を建てたのは、やはり伝承がいうようにマリ帝国のカンクー・ムーサ王なのか。

それとも、ずっとのちのガオ帝国の王なのか。この平たい石はこの辺では見たことがないが、どこから運ばれてきたのか。建設の時代はいつごろと考えられるのか。私たちにも答えられない質問を、山のようにあびせていくのだった。

とはいっても、私たちの発掘がそれほどの関心をかきたてるのは望ましいことであった。これによって、これまで発掘に無関心であったマリの人びとも、考古学にもっと関心をもってくれるかもしれない。そうすれば、今まではマリの各地でしたい放題におこなわれている盗掘に対しても監視の目を強めてくれるかもしれない。実際、あるときには首都からマリ国営放送のクルーが来て、私たちが発掘をおこなっている現場のルポルタージュをつくっていった。私はこれを目にはしなかったが、のちに特別番組として全国放送されたそうだ。また、のちにはマリの大統領をはじめ、首相や何人かの大臣が視察におとずれたということであった。

巨大な建造物はなにであったのか

私たちはその後も何年もかけて発掘を実施した結果、この建造物についてはかなりのことがわかるようになっている。壁のつくり方はどこもおなじであり、丸い堆積岩と平らな結晶片岩を組み合わせ、そのあいだを粘土で固めたものだ。丸い堆積岩はニジェール川に行けばいくらでも転がっているので、それをもちいたものだろう。一方、平たい結晶片岩の方はガオ市近辺ではどこにも存在しないものであった。

私たちは現地の泥大工を雇って発掘をしていたので、彼らにこの種の石を見たことがあるかを確認をした。今日の建物は日干しレンガでできているが、建物の基礎には石をおくのが普通なので、彼らは石についてもくわしいのだ。しかしその彼らも、このような石は見たことがないという返事であった。

私たちはのちに週に一度の休みを利用して、ベンチャという村をおとずれたことがあった。そこはガオ地方で最古の王都だという伝承がある土地であり、実際、その村の周囲には多くの遺跡があることが確認された。村びとにたずねると、王都のあとは川のなかの中洲にあるという。それで、舟を雇ってニジェール川の中州に行くと、現在はすっかり廃墟になっている遺跡があった。驚いたことにその中州には、ガオ市の建造物にもちいられたのとおなじ種類の結晶片岩でできた小山が存在していたのだ。この種の石は加工がしやすいので、大きさをそろえて切り出すことは容易であったに違いない。また、ニジェール川の水運を利用したなら、ガオ市まで一四〇キロメートルの距離があるとはいっても、運んでいくのは容易であっただろう。広域調査はまだなので確実なことはいえないが、この土地から運ばれてきた可能性はきわめて高いといえるのだ。

建造物の構造に戻ろう。壁の厚さはどこも一・二メートルであり、壁と壁のあいだは二・五メートルほど離れて平行にならんでいる。西アフリカにはアーチの技法が導入されなかったので、屋根は壁と壁のあいだに板を平らに並べ、その上に粘土を塗って雨から守るのが一般的であった。そのため、どれだけ高い建物であったとしても柱や壁を密につくることが必要なので、建物の内部は狭くスペースがかぎられているのが普通である。また、この建造物の床の一部を掘り下げたところ、固く叩いた粘土の層がどこも三十センチメートルの厚さで存在していることがわかった。重量のある建物を支えるために、最初に粘土を固く叩いて床面をつくり、その上に建造物を築いたものと推測された。あらかじめ十分に考えてつくられた建造物であることは、このことからも明らかであった。

入り口部分から東側に壁が伸びており、その長さは三十六メートルである（164頁図57）。東側の壁は北から南へと四列並んでおり、あわせるとその奥行は十二・五メートルになる。また、その壁には大きな入り口が一ケ所、小さな入り口ないし開口部が一ケ所もうけられていた。一方、西側の部分には現在家が建っており、立ち退きがなされないかぎりそこでの発掘は不可能である。それでも、隣家との境界まで掘っただけでも、全体の横幅が五十メートルを優に超える巨大な建造物であることが判明したのだ。

なにが出土したのか

私たちは建造物の全容を明らかにすることを優先させていたが、それでも出土品を確認することは怠らなかった。とはいえ、建造物の巨大さに比較するなら、その内部と周辺部分での出土品の数はかぎられていた。四百点あまりの土器と（そのうちの一部は、黒いうわぐすりをかけ、幾何学模様のデザインを施したきわめて立派なものであった）、糸を紡ぐのにもちいられたテラコッタ製の紡錘車十数点をのぞいて、銅製品やガラス製・貴石製のビーズなどの長距離交易の産品の出土は少なかった。銅製品数十点、ガラス製ビーズ四百点、貴石製ビーズ十二点、若干の鉄製品というのが、この年の出土品のあらましであった。

出土品の少なさに加えて、この遺跡のもうひとつの特徴は、生活の匂いがきわめて乏しいことであった。他の遺跡で発掘をしていくと、掘りはじめて数日もたたないうちに、ゴミ捨て場に行きあたるのが普通である。ところがこの発掘のばあいには、これだけ広く掘ったのに、一ケ所のゴミ捨て場も見つからなかった。それに加えて、普通であればところどころで出てくる炭化物の数もきわめてかぎられていた。これだけ広く掘ったのに、数点確認されただけであった。また、鉄を融解するときに出る副産物としてのスラグの出土もほとんど存在しなかった。とにかくこれほど巨大な建造物であるのに、生活のあとや手工業のあとがほぼ皆無であったのだ。

以上のような建造物の規模と形状、そして出土品を考慮にいれたとき、この建造物はなにであったと考えられるのか。その問いは、掘っている最中にも、私たち研究者だけでなく、作業員たちもうるさいぐらいに話題にしていた。一般に考古学では、巨大な建造物が発見されたなら王宮か神殿と考えるのが常識だろう。しかし、この建造物のばあいには、入り口から東西に向かって非対称的にのびている建造物の構造を見ても、神殿と考えることは不可能であった。また、メッカの方角である東側にもうけられる半円型のミフラーブがないので、モスクであるはずもなかった。

それに加えて、出土品がきわめて少ないことや、生活の痕跡がほとんどないことを考えるなら、王宮と解釈することも困難であった。私たちはこの年には結論を出すことはできなかったが、その後も何年も発掘を継続した結果、この建造物のすぐ北側に別の石造りの建物を発見し、そこからは驚くほどの出土品を見つけることができた。それで私たちは、その新しい方の建物を王の住まいと考えている。それに対し、この巨大な建造物は、王宮を保護するための砦ないし軍事的施設であったのではないか。それが私たちの解釈なのである。

新たな建物の発見

私たちのマリでの発掘は一九九九年から二〇〇三―四年まで五年間つづいた。しかし、その後二年のあいだ研究資金を見つけることができなかった。そのため、つぎに私がガオ市に行ったのは二〇〇六年の十二月であった。二年間のブランクがあるので、遺跡が傷んでいないか心配であった。しかしガオ市に行って現場を見ると、それが杞憂であったことがわかった。テレバさんのひきいる文化財保護局が、自分たちの予算で発掘現場の全体をおおう巨大なわら葺きの小屋をつくっていたので、発掘現場は十分に保全されていたのだ。(注1)

それに加えて、私がマリに行けない二年間のあいだに、文化財保護局では自分たちの予算をつかって小規模の発掘をいくつかおこなっていた。それで、この大規模建造物についてはあらまし掘り出していた。そのため、つぎに私がマリに行ったときに、テレバさんやシセ君と協議して決めた方針はふたつあった。この遺跡全体を掘り出すべく発掘を拡張していくこと、そして遺跡のあちこ

図56　写真を撮ってくれというのでふりかえると、おどろいたことに、助手のカラポさん（左）と棟梁のボンカナさん（右）が手をあわせてダンスを踊っていた。

ちに点在している石のあいだの関係を明らかにすることであった。

つぎにどこを掘っていくか。場所の選定には少しも手間取らなかった。いずれにしても、将来的にはこの空き地全体を掘り起こさなくてはならないと考えていたためだ。この年の発掘メンバーは、常連のメンバーであるシセ君や助手のカラポさんに加え、前年に文化財保護局に採用されたシディ・ラミン君とスマイラ君、そしてボンカナさんとアビジンさんにひきいられた現地の作業員であった。その一方で、過去に発掘をともにしていたカッシボ君は、五年間に私が支払った給料をためて電気修理の小さな店をはじめていたので、参加することができなかった。陽気な彼がいなくなったのはさびしかったが、独立できたのだから祝福すべきものであった。

発掘を再開するにあたって、私たちはすでに掘り出していた大規模建造物のすぐ北側に、五メートル四方の区画をさだめて掘りはじめた。するとすぐに、先の大規模建造物とは異なる、別の石造りの建造物に行きあたった。しかも今度の建造物は、先のものとは規模も形状もまったく違っていたのだ。

新しく見つかった建造物は、壁の厚さは四十センチメートルで、平らな結晶片岩だけをもちいて築かれていた。壁の厚さが薄いのだから、建物の規模も小さいに違いない。そう考えられたのだが、建築の技法はきわめて緻密なものであることがすぐにわかった。一枚一枚の結晶片岩がていねいに四角く削り出されているので、土で埋める必要がないぐらい石と石のあいだが密着していたのだ。

この建物の規模は小さいと思われていたが、それでも建物のおおよそのかたちを明らかにするには、五メートル四方の区画を四つ掘り起こすことが必要であった。しかも、掘っているうちにわかったことだが、先の大規模建造物とは比較にならないほど多くの出土品が出てきたのだ。そのうちのいくつかはとても繊細な、厚さが一ミリメートルもないようなガラス製の容器であり、私たちも最初は後世の品が紛れ込んだのだと考えたほどであった。そのほかには、銅製品や各種のビーズ、見たこともない陶磁器が大量に出土したのだった。

繊細なガラス製品が出土するので、それを壊さないように細心の注意を払いながら掘っていくことが必要であった。さいわい、地元の大工の棟梁のボンカナさんやアビジンさんとは長くつきあってきたので、仕事の要領はよくわかってくれていた。若い連中が荒っぽい仕事をすると、私たちがいう前に彼らが注意してくれるのだった。建物の全体を掘り出すには予想以上に時間がかかったが、それでもようやく新しい建物の形状を確認することができるようになったのだ。

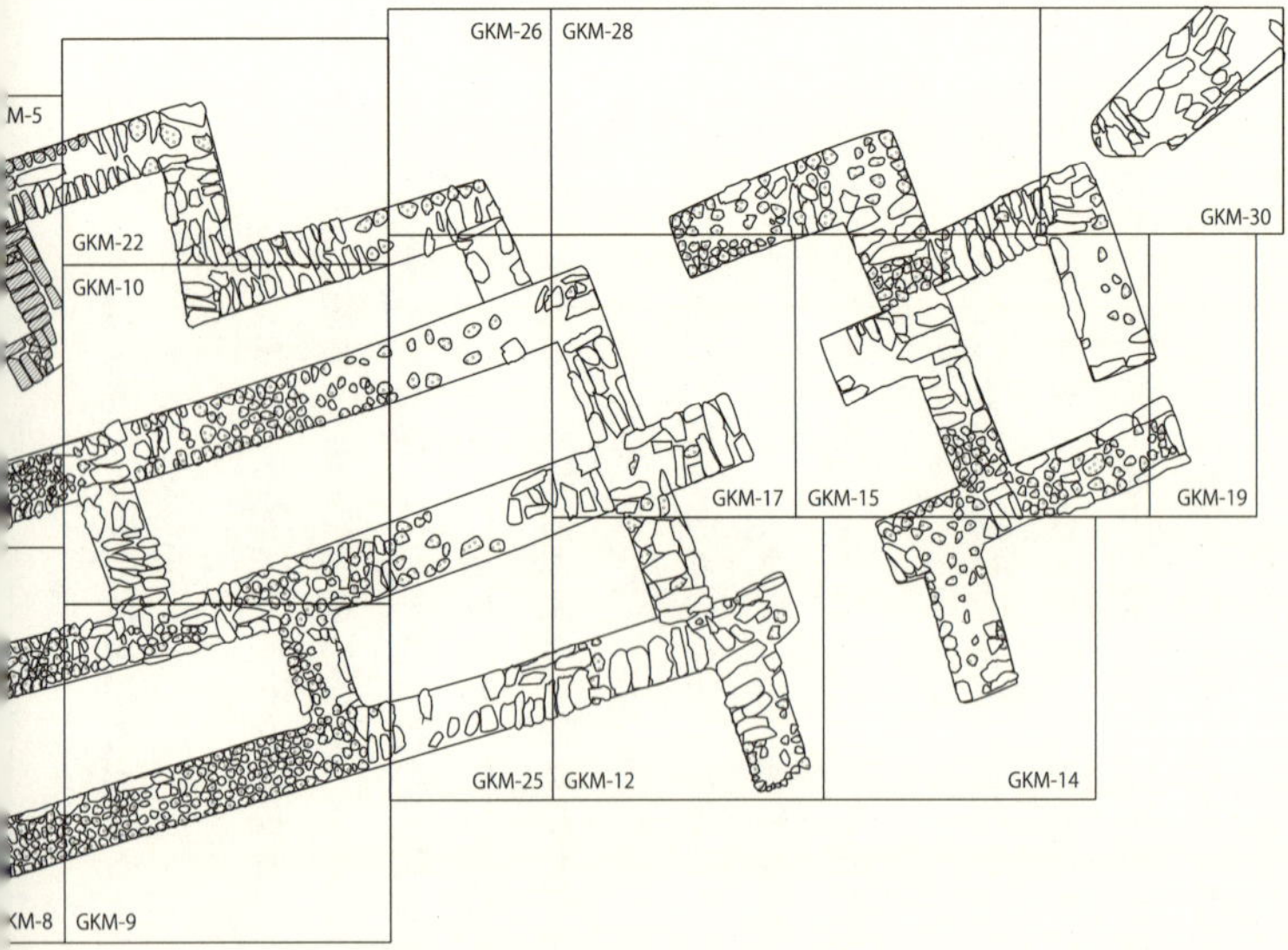

図57　ガオ遺跡の発掘の全図（2012年、中尾世治君作成）。

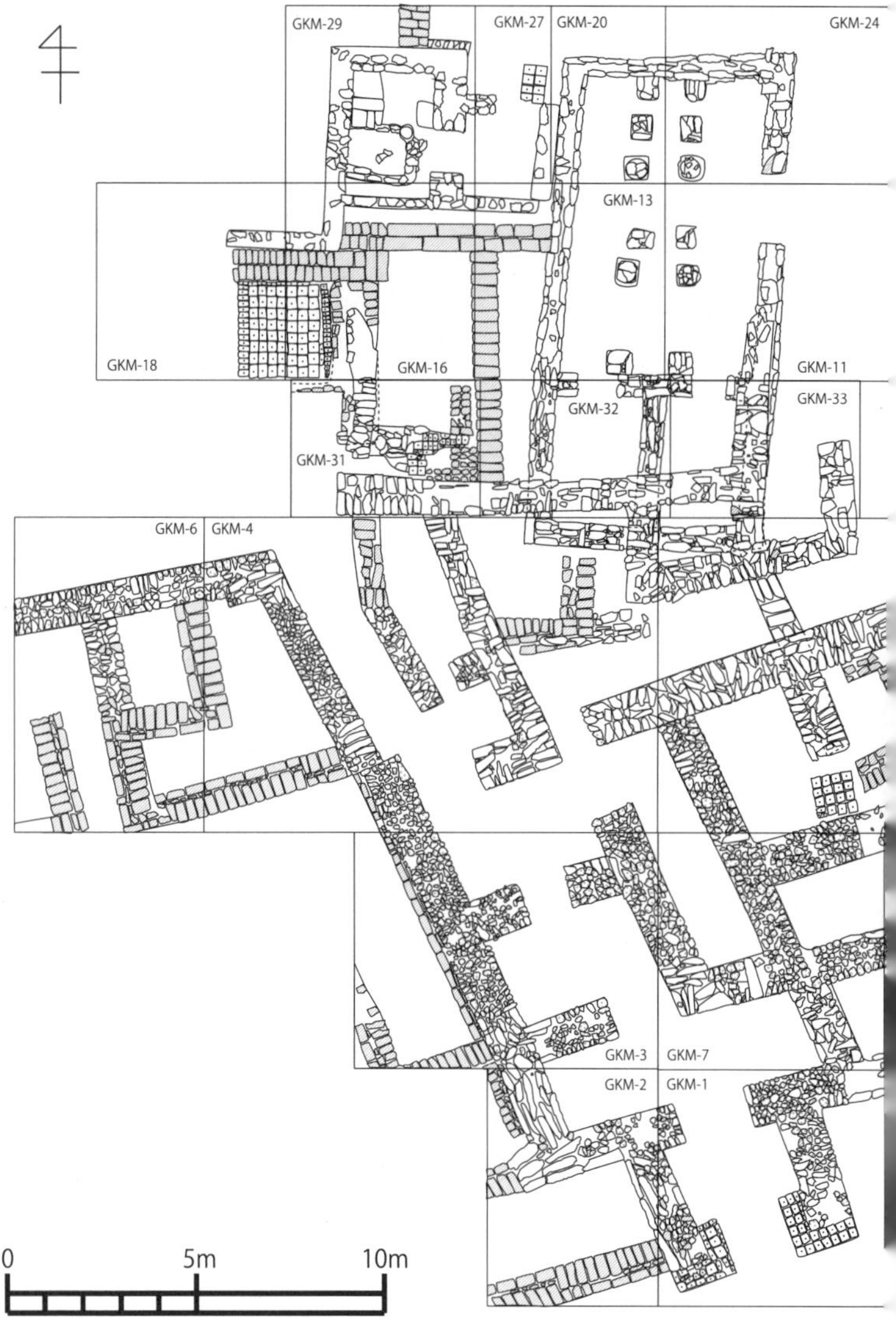
GKM-29
GKM-27
GKM-20
GKM-24
GKM-13
GKM-18
GKM-16
GKM-11
GKM-33
GKM-32
GKM-31
GKM-6
GKM-4
GKM-3
GKM-7
GKM-2
GKM-1
0
5m
10m

図58　新しく発見された小規模の建物の内部。２列の柱の奥に宝物庫と思われる小部屋があったが、残念なことにすでに盗掘されていた。

この建物の特徴

この建物は東西に幅五・五メートル、南北に長さ十一メートルの大きさであり、その内部には小さい石を重ねてつくった柱が二列並んでいた。屋根を支えるためのものだろう。また、結晶片岩を積み重ねてつくった壁の内側には土が全面に塗られており、そのさらに上には、白い漆喰とベンガラの顔料が二重に重ねて塗られていたことがわかった。そのままの状態で保存したいと思ったが、残念なことに日光にさらすとすぐに退色して色は失われてしまった。それでも、その姿は写真に撮って記録することができた。建造時にはおそらくまぶしいほどに美しい壁をもつ華美な建物であったのだろう。

この建物の内部からは、質量ともに驚くほどの出土品が発見されただけでなく、その南

表3　古ガオ遺跡の建造物の放射性炭素同位体分析結果

試料番号	層	較正年代	サンプル番号
GKM4-5	5	990±40BP	Beta-241536
GKM4-6	6	1070±40BP	Beta-241537
GKM11-4	4	940±60BP	Beta-241538
GKM11-6	6	1030±50BP	Beta-241539
GKM11-7	7	1100±50BP	Beta-241540
GKM20-3	3	920±60BP	Beta-241541
GKM20-5	5	1010±50BP	Beta-241542
GKM24-8	8	1380±70BP	Beta-241545
GKM29-3	3	910±50BP	Beta-241546
GKMS1-7	7	1180±60BP	Beta-241547

側には隠し部屋のようになっている一角があった。私はそれを宝物庫とにらんでいたので、掘りおこすのが楽しみであった。しかし残念なことに、そこを掘りおこしていくと、壊れた土器が山のように積み重ねられ、土の層も大きく乱れていることがわかった。おそらく過去に盗掘の対象になっていたのだ。

建物の床の深さは、先の大規模建造物と比較すると、こちらの小規模の建物の方が十センチメートル近く深いことがわかった。もしふたつの建造物が同時に建てられたとすると、床の高さが異なるということはまず考えられない。それゆえ、深い方の建物が先に建てられたであろうことは疑いなかった。反面、大規模建造物を建てる時点で先の建物が崩れてしまっていたなら、ふたつの建造物をくっつけるように建てる必要はなかっただろう。それで、小さな方の建造物がまず建てられ、それがまだ建っているあいだに、大きな方の建造物も建てられたと解釈されたのだ。

この建物の最下層からは（GKM11－7、床面のすぐ上の層）、放射性年代測定によって八〇〇～九〇〇年、もうひとつ上の層からは（GKM11－6）八七〇～九七〇年という分析結果が得られている。一方、大規模建造物の測定結果は、最下層で（GKM4－6）八四〇～九二〇年、その一層上で（GKM4－5）九二〇～一〇〇〇年であった。したがって、二つの建造物の時期が三～四十年の間隔をおいて一致していることが明らかになったのだ。

放射性炭素の分析では、厳密な年代ではなく、前後に幅のある数字しか得ることができない。それでもふたつの建造物の分析結果を比べると、いずれも最下層どうし、一段上の層どうしで三～四十年のズレがあること、また小さい建造物の方が床が深く年代も古いことから、こちらの建物が九世紀の半ばにまず建てられ、そのあと三、四十年のスパンをおいて大規模建造物が建てられたものと解釈された。しかし、両者が接近して建てられており、しかも床の深さの違いが十センチメートルしかないのだから、二つの建造物がまったく関係なく建てられたとは考えられない。建設の時期はずれているにせよ、一時期は二つの建物が並存して建っていたと推測されたのだ。

水浴場の発見

私たちはこの新しく発見された建物のすぐ北側部分も掘っていった。すると、狭い廊下を通って別の建物（むしろ別室）につながっていることが判明した（GKM－29）。こちらの部屋の方は、壁の上側は石をつみ重ねてつくられているのに対し、下の部分は日干しレンガでつくられていた。壁

図59　小規模の建物につづいている浴室。右手前が更衣台であり、右上の小石の堆積の下には排水用の配管がそなえられている。

の厚さも薄く、二十五センチメートル程度しかなかった。これらのことを考えると、これは独立した建物というより、先の建物の付属施設であると解釈するのが適切であった。

部屋の内部は四畳半ほどの広さであり、床まで掘っていくと、いくつかの施設がもうけられていることがわかった。部屋の東北の部分には、幅六十センチメートル、長さ一メートル、高さ十センチメートルほどの低い盛り土があり、そのうえにはきれいな緑色の薄い石の板が敷き詰められていた。一方、その南側には、直径三センチメートル前後の丸い小石を十センチメートルほどの深さに敷き詰めた一角があった。これがなになのかわからなかったので、私たちは小石を全部とり出すことにした。すると、その下には石の板が二重に敷き詰められており、それをめくるとその下には壁の外側につながる排水溝がもうけられていた。

排水溝をそなえているのだから、小石を敷き詰めたこの部分は体を洗うための水浴場であったのだろう。とすれば、それに隣接して薄い石の敷き詰められている一角は脱衣場であるはずだった。便所はまだ見つかっていないが、おそらくそれに隣接してつくられていたのだろう。先の建物との関係でいえば、狭い廊下でつながっていること、床部分の深さがおなじであることを考えれば、こちらの部屋が付属施設であったのは疑いない。それゆえ、これらが浴室をそなえた建造物であったと考えるのが妥当である。南側の巨大な建造物がまったく生活の匂いを示していなかったのに対し、こちらの建物の方は生活をするための施設であったことが、こうして明らかになったのだ。

驚くほどの出土品

この新たな一連の建物からは、驚くほど多様な、かつ数多くの出土品が発見された。まず金属器についていえば、装飾のある銅製の衣服留め、青銅の星形の象眼のある鉄製刀の一部が出土したことに加え、二百個以上の小さな銅の輪でつくった首輪ないし胴飾り、髪飾り、耳飾りなどの装身具が多数出土した。また、鳥をかたどったつまみのある銅製の装飾小箱をはじめとして、きわめて多くの銅製・鉄製の道具が発見されたのだ。

土器についていえば、こちらも豊かな出土であった。ガオ・サネ遺跡の特徴である多色の釉薬のかかった美しい土器のほかに、全体が黒色のきわめて美しく堅固な小型土器片、マッキントッシュ夫妻がチャイナと呼んだジェンネ・ジェノ遺跡の初期に特徴的な厚い釉薬のかかった茶色土器など、きわめて多様な土器が出土した。あまりに多種多様な土器があったので、少数の人間がかぎられた作業場で制作していたとは考えられなかった。おそらくさまざまな土地でつくられた土器が、ガオに交易品ないし献納品として運ばれていたのだろう。また、黒色土器は表面に幾何学模様がついているのが一般的だが、これは糸を綯うための紡錘車と、材質、模様の形状、色彩等で共通していた。

図60　北アフリカから運ばれてきた小型のガラス製容器とガラス製刺血具（上右）。

これがどこでつくられていたかは未確認だが、この土器片は百数十点出土しているので、かなり大量に使用されていたのは疑いなかった。

そのほかに、まったく製作方法も形状も異なる数十点の陶器の出土があった。これは独特の緑色ないし黄緑色の釉薬が厚くかけられたものであり、北アフリカ史がご専門の東京大学の大稔哲也さんにたずねたところ、チュニジアのカイラワーンに首都をおいたファーティマ朝の陶器ではないかとのことであった（のちに私はチュニジアの博物館をおとずれて学芸員に写真を見てもらったところ、ファーティマ朝のものに間違いないと断定された）。

さらに加えて、中国産としか考えられない真っ白の磁器片一点の出土があった。中国から西アフリカまで運ばれていたとすれば、想像を絶する距離である。しかし、エジプトのカイロの南に接するフスタートの遺跡はこの古ガオ遺跡とほぼ同時代であり、そこでは中国産磁器がかなり出土していることが確認されている。そこを経由して運ばれてきたと考えれば、十分に納得のいくものであった。

そのほか、地中海産と考えられるガラス製容器の破片が百数十点出土しており、これは直径、高さともに十センチメートル前後の小型のものであるので、香水か香油などの貴重品を入れるためのものであったと思われた。それに付随して、中世のイスラーム世界で広くもちいられていた刺血具も一点出土した。また、直径二センチメートルほどのガラス製のコイン状のものが出土しており、その表面にはアラビア文字の刻みがあった。書類に印を押す花押としてもちいられたものか、あるいは金を測るための重りであったのか、そのいずれかであろう。

金の発見

これだけ貴重な品々の出土があったとすれば、金の出土が期待されて当然だろう。実際、私たちは掘っているあいだに、そのうちに金を掘り出すことがあるだろうと話しあったものだ。もっとも、もし金を掘り出したなら大変なことになるであろうことは目に見えていた。金は今一グラム当たり四五〇〇円ほどしているので、十グラムの小片であっても四万五〇〇〇〇円になる計算になる。これはガオの人びとの数ケ月分の給料に相当するのだから、もし私たちが金を発見したというニュースが伝わったなら、ガオ市中の人びとが一斉に発掘を開始するであろうことは予想された。もしそうなったなら、遺跡もなにもすべて破壊されてしまうだろうし、町には大混乱が生じてしまうだろう。

そうなると大変なことになってしまうので、私はあらかじめ準備をしておいたのだった。作業員が小指ほどの金の塊を二点掘り出したのは、私がうまいぐあいにすぐそばで見守っていたときだった。さいわいそれは銅を多くふくんでいたので、私はこれは金ではない、銅の塊だとして、作業員にも現地の係員にも嘘をつくことにした。(注2)そのときから今にいたるまで、私はシセ君には金の出土について話したが、ほかの人間に対しては一切口にしていない。この結果がフランス語の書籍となって公表されたり、あるいは将来、ガオ市の博物館に展示されることがあるかもしれない。そのようなかたちで公的に情報が流れたなら、行政機関も市民に対してどうするかの態度を決定しやすくなるだろう。それまでは私としては黙っておこうとひそかに決めたのだった。

この遺跡の出土品の豊かさがどれほど目を見張らせるものか。二〇〇六年から二年間の発掘による出土品の数を記しただけでも、それを推察することができるだろう。鉄製品が全部で一四九三点、銅製品が一六一六点、ガラス製容器の破片が三七〇点、北アフリカ産の陶器片四十点、中国製と思われる真っ白の磁器片一点である。残念なことに宝物庫と思われる小部屋が盗掘されていたので、銅製品やガラス製容器の完形品はほとんど発見されていない。しかし、数量的にはかなりのものがある。また、これらの出土品の九割以上が北側の小規模の建物から出土しており、大型建造物からの出土はごくわずかであった。それを見ても、大型建造物が軍事用施設、小型の建物が王ないし貴人の住居と考えることは妥当な解釈だろう。

それに加えて、大量のビーズの出土がある。ビーズは合計で九二五〇点あり、そのうち骨製が二点、金属製が三十四点、テラコッタ製が一一四点、カーネリアンなどの貴石のビーズが一四二点、ガラス製ビーズが八九五六点であった。骨やテラコッタ製のビーズは地元でつくられていたと思われるが、貴石やガラス製ビーズは、ガオ・サネで製作されていた分をのぞけば、明らかに中東やヨーロッパなどからの輸入品である。先にガオ・サネ遺跡でのビーズの出土数の多さを指摘したが、それがかすんでしまうほどの量であり、豊かさであった。

いつ建てられたのか

建造物の建築年代については、二種類のデータがある。まずガラス製容器だが、これに関しては濃い緑色のものが九世紀以前の地中海地方のもの、ナトリウムを加えることで無色になったものが十世紀以降の地中海地方のものであることが確認されている。(注3)私たちの発掘からはこれら二種類のガラスが発見されているので、どの色のガラスがどの層から出土しているかを比較検討した。しかし、九世紀のガラス片が必ずしも十世紀のものより下の層から出ているというわけではなかった。であれば、これら二種のガラス製容器は同時期に併用して使用されていたと考えることができる。九世紀以前のガラスと十世紀以降のガラスとが混在して出土しているのだから、建造物が十世紀以降に建てられたものであることは間違いない。しかし、九世紀以前のガラス製容器もまだもちいられていたのだから、十世紀初頭の建築と考えるのが妥当だろう。

一方、放射性炭素同位体の分析結果は別表の通りである（167頁表3）。GKM4-6、GKM11-7はそれぞれ大きな建造物と小さな建物の最下層（床面のすぐ上の層）で採取したものであり、八四〇—九二〇年と八〇〇—九〇〇年という数字が得られている。また、GKM4-5、GKM11-6、GKM20-5はそのひとつ上の層で採取したものであり、それぞれ九二〇—一〇〇〇年、八七〇—九七〇年、八九〇—九九〇年という数字である。それぞれの層の厚さが二十センチメートルであり、各層の下部で採取したか上部で採取したかで数字が異なってくる可能性があるが、この点は記録に正確には残っていない。しかし、おおよその数字として、西暦八五〇年ごろから九〇〇年のあいだに建設され、数十年使用されたあとで、遅くとも一〇〇〇年までに放棄されたと考えて間違いはないだろう。そしてこの数字は、ガラス製容器の分析結果とほぼ正確に対応しているのだ。

西アフリカ最古の王宮の発見？

両方の建造物とも付近にゴミ捨て場は見つかっておらず、十点あまりの紡錘車をのぞけば、スラグの出土もなければ坩堝の出土もない。それらの出土が大量にあったガオ・サネ遺跡と比較するまでもなく、生活の痕跡、手工業の痕跡はきわめて希薄なのだ。その一方で、大型の貴石のビーズや一万点近くのガラス製ビーズ、地中海世界からラクダの背で砂漠を越えて運ばれてきたであろう小型のガラス製容器や、北アフリカのファーティマ朝の磁器類、さらには金の小さな塊など、貴重な品々が大量に出土している。それゆえ、先のガオ・サネが交易・手工業拠点であったのに対し、この古ガオ遺跡を占有していたのが、王ないしかなりの勢力をもった首長であったと考えることは妥当だろう。

私たちはこれが九世紀後半から十世紀まで存在していたガオの王宮であったと考えているが、その根拠はつぎのとおりだ。

一、建造物が他に類を見ないほど大規模であり、しかもその建造にもちいられた石が付近に存在せず、遠方から運ばれていたこと。これだけ多くの材料を遠方から運び、組み立てるためには、大量の労働力を動員するだけの権力の存在が前提になる。首長クラスの人間では、それだけの労働力の動員は不可能であっただろう。

二、圧倒的な数のガラス製や貴石製のビーズと銅製品の出土に加え、ラクダの背で揺られて北アフリカ・中東地域から運ばれてきたであろうガラス製容器や磁器が存在していること。同時代のアラビア語の資料によれば、北アフリカからガオまでは砂漠を縦断するキャラバンで二ケ月かかっている。壊れやすいこれらの品々がラクダに揺られて運ばれてきたとすれば、おそらく商業目的ではなかっただろう。交易品というより、むしろ王への貢納品と考えた方が適切だと考えられるのだ。

これらの要素を総合するなら、北側の小規模の建物が王の居室であり、その南側にそれを守るように建てられた砦ないし城壁があったと判断して間違いないと思われる。しかもそれは九世紀後半から十世紀という、きわめて古い時代のものであった。西アフリカには、このガオをはじめ、七世紀以降とされるガーナ王国、十三―十四世紀のマリ帝国、十五―十六世紀に最盛期を迎えたガオ帝国など、いくつもの王国が存在したことがアラビア語資料などから知られている（36頁図14）。しかしながら、これまでは西アフリカ考古学が王都を発見したことも、王宮を掘り出したこともなかった。その意味で私たちの発見は、西アフリカで最初の、しかも最古の王宮の発掘ということになる。きわめて重要な成果といえるのだ。

それに加えて、これが九世紀から十世紀のガオにつくられた王宮であったとすると、王都がニジェール川の東側にあったのか、それとも西側にあったのかという論争にも決着がつくことになる。しかもこの発掘によって、アラビア語資料が二つ存在していたとしか語っていない九―十世紀のガオの王宮がどのようなものであったかを、当時の交易の実態や王の権力の大きさまでふくめてかなり明らかにすることができたのだ。

これらの建造物は、明らかにニジェール川の東岸に位置して建てられていた。もしそれがニジェール川の西岸に位置していたのであったとすれば、異人のすむイスラーム交易・手工業都市としてのガオ・サネに対し、王権の保持者はかなりの距離をおこうとしていたと考えることができる。しかし、王の居住する都が、私たちが明らかにしたようにイスラーム交易都市と同岸にあったとすれば、両者のあいだの関係はより密接であったということになる。北アフリカ・地中海世界の圧倒的な影響下にあったガオ・サネのイスラーム交易・手工業都市に対し、地理的・象徴的には一定の距離をおきながらも、それを完全には忌避することなく、経済的に密接な関係を維持しようとする。そんなガオの王の配慮が透けて見えそうな配置であったのだ。

(注1)そのわら葺きの小屋は、反面、いくつかの問題を引き起こすことになった。この小屋は過去の建造物の上に築かれていたので、これを解体しないかぎり発掘不可能な箇所ができてしまったのだ。しかも、時間の経過とともにこの小屋は傷んでいき、じきに柱が崩れて、遺跡の一部を破壊してしまったのだった。

(注2)マリの独立以前に、この空き地をふくむガオ市内では複数の金貨が発見されており、そのうちの一枚は、九五二—九七五年に即位したファーティマ朝のムイッズの時代に鋳造されたものであることが確認されている。ファーティマ朝に固有の土器といい、この金貨といい、ファーティマ朝とガオ王国とのあいだの関係の深さを物語る資料といえる。

(注3)この情報は、イスラームガラス研究がご専門の、中近東文化センターの真道洋子氏によって与えられた。記して感謝したい。

第六章　その後の発掘と、西アフリカ史への寄与

その後の発掘

私たちはその後もこの古ガオ遺跡での発掘を継続してきた。遺跡のある空き地は約二百メートル四方の広がりがあるが、表面に散在している石の形状から判断すると、その西側部分の百メートル四方は下に建造物が埋まっていると推察される。であれば、少なくともこれだけの範囲は掘り起こしていかなくてはならない。そう考えて、発掘をつづけてきたのだ。

私たちが二〇〇八年以降も引きつづいておこなってきた発掘からは、つぎのようなことがわかっている。先に述べたふたつの建造物のさらに北東側に、別の種類の建造物が存在すること。この建造物はすべて平らな結晶片岩をもちいて建てられているが、石の長さが一メートル以上と先に掘った小規模の建造物の石の二倍の長さをもっているので、それに対応してかなりの大きさをもつ建造物であると考えられることだ。また、この建物の外側には、石でつくった直径一・五メートルの浴室ないし大きな水瓶が付随してもうけられており、建物の内部からは多くの良質の土器片に加えて、大量のガラス製ビーズや銅製品が出土している。その一方で、この遺跡にある他の建造物とおなじように、ゴミ捨て場やスラグなどの手工業の痕跡はほぼ皆無なのだ。

この建造物は規模が大きいので、私たちがこれまでに掘り出すことができたのはその二辺の一部にすぎない。しかし以上のことから、この施設は、みずから食事の用意をする必要のない王かその臣下が生活をするための施設、もしくは宗教的な施設と考えることができる。モスクの付属施設であるミフラーブは発見されていないが、形状から見てモスクである可能性がないわけではない。そしてもしモスクであるとすると、西アフリカ最古のモスクということになり、これはこれで重要な発見になるのだ。

また、最初に掘り出した大型建造物の周囲に、石や日干しレンガでつくった壁や床面がいくつも存在することがこれまでに明らかになっている。それらは、壁の床面の深さがまちまちであるが総じてこの建造物より浅いこと、前の時代の建造物の壁にくっつけるかたちで築かれていること、石造りのばあいにも壁の厚さが六十センチメートル程度にすぎないことが確認されている。そこから私たちは、これらが先の時代の建造物が使用に適さなくなったのちに、その壁を再利用するかたちで築かれた建造物の一部だと考えている。これらの一部は年代測定によってガオ・サネ遺跡の墓碑と年代が一致している（十一〜十三世紀）ので、この古ガオ遺跡が少なくとも数世紀にわたって占用されていたことが明らかなのだ。

より古い時代の出土品

私たちがその後におこなった発掘によって、まったく新たな発見もなされている。私たちはこの新しく見つかった建造物と先に発掘されていた小型の建造物のあいだの地点を、床面より下まで掘り下げてみることにした。この遺跡での人間による活用がいつはじまったかを知るためであった。この作業は重要なものであり、私たちとしてはもっと早い時期におこないたいと考えていた。しかし、この遺跡では複数の建造物が重なるように建てられているので、掘り下げるのに十分なスペースを確保することができないでいたのだ。

この地点を掘っていくと、砂の混じった粘土層の堆積が何百層も重なって存在しており、ニジェール川の毎年の氾濫によって形成された堆積であることが明らかであった。しかし驚いたことに、他の建造物の床面より八十センチメートルほど掘り下げたところで、それまでは見られなかった生活の痕跡があらわれてきたのだ。この層には炭化物やスラグが存在していたほか、かなりの量の土器と貴石製・ガラス製のビーズ、そして複数の銅製品が発見された。この試掘をおこなうまでは、私たちは九世紀後半から十世紀に建てられた建造物がこの遺跡の最古の層であると考えていた。しかし、それよりも古くから人間の居住がこの区画でおこなわれていたことが、これによって確認されたのだ。

しかも、新たに発見された土器は、これまでに確認されていたものとは形状、質ともに大きく異なるものであった。そのなかには、直径、高さともに二十五センチメートルていどの、三本の足をそなえて赤い釉薬が部分的にかけられた香炉状の土器が完全なかたちで存在していた（187頁図62）。この土器は質の点ではそれほど洗練されたものではなかったが、これほど装飾性の高い土器である

図61　古ガオ遺跡の最下層（6－7世紀）の発掘の様子。多くの炭化物とともに、ガラス製ビーズと銅製品、土器が出土した。すでに6世紀にはサハラ縦断交易がおこなわれていた証拠として、貴重な発見である。

とすれば、実用品というより、むしろある種の威信財としてもちいられていたと考えるべきだろう。この層では建造物がまだ発見されていないので断定はできないが、私たちが王宮と考えている建造物が建てられる以前に、ある種の階層分化が実現されていたことを推測させる資料として貴重な発見だ。

そのほかには、腕輪をふくむ数点の銅製品が出土しており、西アフリカでは銅の産地は二、三ケ所にかぎられ、ガオの付近には存在しないことが確認されているので、遠隔地をむすぶ地域間交易がすでにこの時期におこなわれていたことの証拠として興味深い。さらに、貴石やガラス製のビーズが数十個発見されているが、これらは九―十世紀の建造物に付随して出土したものとまったくおなじタイプのものであった。すでにこの時代からサハラを越える交易が継続しておこなわれていた証拠として、きわめて貴重な発見である。

出土した炭化物を放射性年代測定にまわしたところ、五〇〇〜六四〇年という数字が得られている。この数字が正確であるとすれば、六世紀から七世紀前半の地層と考えるのが適切である。出土した土器の形状や製造方法が大きく異なっていること、先の建物より八十センチメートルの厚さの自然の堆積の下にあることから、私たちはこの層が時間的にかなり先行しているのではないかと推測していた。実際、新しく発見されたこの層が上層の建造物より三世紀ほど先行していることが、年代測定によって裏づけられたのだ。

サハラ縦断交易のはじまり

六世紀から七世紀前半というかなり古い時期、しかもいかなる文字資料にも記載のない時期の地層から、輸入品であることの確実なガラス製や貴石製のビーズが出土したことは、西アフリカの歴史を考える上で重要な意味をもっている。これまではサハラの南北をむすぶ交易が活発になったのは、イスラームをたずさえたアラブ人が北アフリカに侵入した六五〇年以降、とりわけ彼らの支配が確立された七〇〇年以降と考えられていたためだ。

旧来の解釈によれば、新しくやってきたアラブ人たちは、地中海の沿岸地帯を広く支配することで、ローマ帝国の崩壊以後混乱していた北アフリカの諸地方を統合すると同時に、地中海の東西をむすぶ交易活動を活発化させた。そしてそれによって、地中海世界から遠く離れた西アフリカで産出される金がイスラームの広域経済圏のうちに取り込まれるようになったというのだ。これに対し、私たちの発掘が明示して見せたのは、イスラーム勢力の北アフリカへの侵入より一世紀以上早い時期のガオに、サハラ交易のいわば物証としてのガラスや貴石のビーズが存在していたことであった。イスラーム勢力の到来以前からサハラの縦断交易がかなりの頻度をもっておこなわれていたことが、出土品によって証明されたのだ。

イスラーム以前といえば、コンスタンティノープルに首都をおいたビザンティン帝国（ないし東ローマ帝国）の時代である。この帝国は高度な教会建築やモザイク画を発達させたことで有名だが、経済的には各種の手工業と地中海交易によってさかえたほかに、長いあいだ世界通貨の地位を占めていたソリドス金貨を鋳造したことで知られている。この金貨はビザンティン帝国下の北アフリカの諸都市でも鋳造されていたことが確認されているので、その原料として西アフリカの金が活用されていた可能性は十分にある。おそらくそれを入手するための対価として、ガラス製ビーズや貴石をはじめとするさまざまな商品がガオにまで運ばれていたのだ。

内戦のはじまりと遺跡の損傷

このように私たちがガオ市とその近郊の二つの遺跡でおこなった発掘からは、これまでの定説を覆すような新たな理解がいくつも得られている。もちろん私たちとしては、この地での発掘を継続していく予定であった。ところが、二〇一一年初頭から活発化したトゥアレグ人による独立運動やイスラーム過激派によるテロ活動によって、ガオ市をふくめたマリ北部への外国人の立ち入りは禁止されてしまった。しかも同年十月には、リビア軍に吸収されていたトゥアレグ人の精鋭部隊が最新の武器とともにマリに帰還したことによって、独立のための戦争はいよいよ激化してしまったのだ。

翌二〇一二年一月に、トゥアレグ人独立派はマリ政府との全面戦争に突入し、ガオやトンブクトゥなどの北部の主要都市の占拠に成功した。その結果、同年六月に彼らはマリ北部の独立を一方的に宣言し、マリはふたつに大きく分断されてしまった。この宣言に対しては、マリ政府も、旧宗主国であり西アフリカ各地に軍隊を派遣しているフランスも、承認を拒絶した。しかしそうしているうちに、「マグレブ諸国のアルカイダ」などのテロ組織がトゥアレグ人穏健派を駆逐して、マリの北半分を実効支配するようになってしまった。その結果、破壊活動が他国に波及することを恐れたフランスが軍事行動に出ることを決め、二〇一三年一月に全面的な戦闘行為が開始されたのだ。

この戦闘は数週間で決着し、マリ北部の治安はフランス軍の後ろ盾を得たマリ政府によって回復されている。とはいえ、マリ北部はいまだに外国人の立ち入りが禁止されており、真の治安の回復からはほど遠い状況にある。こういう状況では、私たちの発掘調査はもちろん不可能である。そのため、私たちは方向転換を余儀なくされ、この二年ほどはマリ南部での遺跡調査と発掘に専念することになったのだ。

とはいっても、ガオ市の遺跡がどうなっているか、また一緒に働いていた作業員は無事であるかは、ずっと気にかかっていた。それで私はマリに行くたびに現地に電話で問いあわせをしたのだが、発掘チームの全員が無事であると聞いて胸をなでおろしたものだ。また、ガオ市内の発掘現場も破壊されることなく残っており、いかなる損傷もうけていないとのことであった。

とはいえ、毎年雨期になると雨がスコールのように激しく降るので、遺跡が損傷していることは十分に予想される。とりわけ、建造物の石のあいだに塗り込められている粘土質の土は雨に弱いので、毎年雨期の前に土を塗りなおして補強しないかぎり、年々傷んでいってしまう。その意味でも、一刻も早く治安が回復され、ガオ市での発掘が再開できるようになることを願うばかりだ。

西アフリカ史への貢献

ともあれ、これまでの発掘によっていかなる知見が得られてきたのか。それによって、世界の西アフリカ史の理解にどれだけの変革を与えることができたのか。それをまとめて整理しておこう。

これまでに確認されているかぎり、この遺跡のはじまりは六世紀のいずれかの時点であった。この時代の地層からは、装飾性のきわめて高い三本の足のついた香炉状の土器が複数出土しており、一定の社会の成層化が実現されていたと考えることができる。また、貴石製およびガラス製のビーズが数十個発見されており、腕輪をふくめた銅製品の出土も数点ある。これらのことから、サハラ砂漠を越える長距離交易がかなりの頻度をもっておこなわれていたことは確実である。

図62　古ガオ遺跡の最下層から出土した、きわめて装飾性の高い３本足の土器。

ビーズその他の商品の対価として北アフリカに輸出されていたのは、やはり金であったはずだ。金はガオ近辺には存在せず、ニジェール川とセネガル川の上流のブレやバンブクで得られていたことが確認されているので（21頁図5）、サハラを越える交易路が確立される以前から、ニジェール川の上流地帯と中流のガオをむすぶ一五〇〇キロメートルにおよぶ地域間交易が活発になっていたのは疑いない。銅もまた西アフリカでは数ケ所でしか生産されておらず、ガオ市に近い生産拠点としては、今日のニジェール中部のマンダリ鉱山（同図ではタケダと記されている）があるだけだ。それゆえこれらの金や銅は、アフリカ大陸を東西につらぬいておこなわれていた地域間交易の主要なアイテムとして、西アフリカ経済の発展に寄与していたと考えられるのだ。

六―七世紀の西アフリカについてはいかなる文書も存在しないので、この時代の西アフリカについては、国家の発生につながる社会的変化であれ、農業や牧畜などの経済的発展であれ、これまでは考古学の発掘成果をのぞけばすべて推測で論じられてきた。そうした時代に、ガオを中心とした西アフリカのサヘル地帯で、地域間の中距離交易と砂漠を越える長距離交易が幾層にも重なっておこなわれていたこと、しかもその過程で社会的成層化が少なくとも実現しはじめていたことが、私たちの発掘によってはじめて明らかにされたのだ。

地中海世界からの移住と王国の誕生

その後百年から百五十年ほど経過すると、ガオを中心とした地域で、より顕著な社会的・経済的変化が実現されていく。その主要な要因となったのは北アフリカからの移住者であり、彼らは八世紀にはサハラを越えてガオ・サネ遺跡まで進出することによって、ガオ市周辺に従来とは質的に異なる高度な土器造りの技術や、綿糸や羊毛糸をもちいた製布技術、銅製品やガラスの加工技術など、人びとの暮らしに直結するさまざまな技術を伝えていった（製鉄の技術に関しては、それよりかなり以前から西アフリカ各地に普及していたのは確実だ）。また、彼らは特有の瓶形土器をもちいて酒などの飲料を飲み、長方形の日干しレンガをもちいた家に住み、ニジェール川を利用した水運を積極的に活用して交易を活発化させるなど、新しい生活様式と技術的革新をもたらしたのだ。

このような北アフリカ出身の工人の集団的な移動によって、ガオ市周辺での産業と経済の一段の発展と、それと並行するかたちで権力の集中が実現されたであろうことは疑う余地がない。このとき、つぎのような問いが生じずにはいないだろう。帰化人と呼ぶことのできる彼らの移動と、国家と呼ぶことができるであろう権力の集中の、どちらが先に実現されたのかという問いだ。

この問いに答えるためには、いくつかの要素を考慮していくことが必要である。北アフリカとニジェール川中流域とでは文化的にも社会的にも大きな差異が存在していたこと、そして両者のあいだを移動するにはサハラを越える二ケ月の困難な旅行が必要であったことである。それほど両者のあいだの交通が困難であったとすれば、彼らの移動が偶然におこなわれたとは考えにくい。ニジェール川の中流域に一定程度堅固な国家ないしそれに準ずる政治組織が成立していることを熟知し、その庇護を期待できることを前提にしていたのでなかったなら、集団的な移動はおこなわれなかっただろうと推測されるのだ。

この解釈が正しいとすれば、すでに六世紀にはかなりの頻度をもっておこなわれていた中距離・長距離の交易を通じて、一方で、ガオ市近辺に政治的権力を保持した集団が登場し、他方で、西アフリカで実現されていた経済的・政治的状況についての情報が北アフリカにまで伝わるための回路が成立していたということになる。ガオ市とその周辺では、交易センターとしてのガオ・サネが成立する八世紀初頭までに、王国と呼べるほどの権力の集中が実現されていたことを、それは強く示唆しているのだ。

その場所が、口頭伝承によってガオ付近で最初に都がおかれていたとされるベンチャであったか、それともガオ市内のいずれかの箇所であったか。その問いについては、今のところ正確に答えることは不可能だ。いずれにしても、ガオ・サネが交易と手工業のセンターとして拡大していくにつれて、それに引きつけられるかたちで政治権力もガオ市に引き寄せられたであろうことは疑いない。その結果、九世紀の半ばまでには、巨大な建造物を建設するだけの富と権力の集中を実現した集団が現在のガオ市内に登場するようになっていた。彼らが築いたものこそが、私たちが発掘に成功した古ガオ遺跡の建造物であったと考えることができる。かくして私たちの発掘は、文書がなにも語っていないガオ王国の草創期についても、きわめて貴重なデータを提供できたのだ。

十一世紀以降のガオ市

一方、一連の建造物が放棄された十世紀後半以降のガオについては、私たちの発掘は多くのことを伝えていない。先にも述べたように、この建造物の壁を再利用するかたちで後世の壁がつけ加えられているが、それらは厚さも薄く、製造方法も先の時代のものほどは洗練されていないので、ある種の社会的・経済的な衰退がはじまっていたことを想像させている。

実際、最初期のアラビア語資料が語るところによれば、大規模建造物に対応する八七〇年ごろのガオ王国は、「スーダーンの地でもっとも大きく、もっとも重要で強力なもの」であり、「その王にすべての国家が従っている」ような存在であった。ところが、その二世紀のちの一〇六七年のバクーリーになると、「金の国」としてのガーナ王国に多くの字数がついやされているのに対し、ガオについての記述は希薄になっている。おそらくその理由は、ガオ王国と密接な関係を有していたチュニジアのファーティマ朝が九六九年に首都をエジプトに移したこと、そして一〇〇〇年ごろにはじまったヒラル遊牧民の進入によってサハラ地帯に混乱が生じたことにより、ガオがイスラーム経済圏のなかで周辺化されたことであった。

実際、九六七年に著作をあらわしたイブン・ハウカルは、ガオとエジプトをむすぶ交易路がこの時代にはあまり活用されなくなったと明記している。「エジプトからガーナに向かう道は、過去には（ガオをふくむ）この地方を通るのが一般的であった。ところがそこはキャラバンに向かっていつも風が吹いており、重装備のキャラバンはしばしば大きな打撃を受けたし、軽装備のキャラバンは全滅してしまった。それで彼らはこの道を捨てて、シジルマーサを通る道に変えたのだ」。

このとき以降、北アフリカとガオを直接つないでいた交易と情報の回路は弱体化し、ガーナ王国の首都クンビ・サレーからまっすぐ北に向かう、ガーナ—アウダガスト—シジルマーサの回路が支配的になっていった（59頁図19）。かくして、西アフリカ経済の中心はより西方のガーナ王国へと移動したのであり、そのために十一世紀のバクーリー以降の著述家たちはガーナ王国を重要視する一方で、ガオ王国への関心を失っていったのだろう。十一世紀の半ばには、セネガル川の河口に誕生し、ガーナとシジルマーサを併合しつつ、スペインのアンダルシアまでを支配したムラービト朝が誕生する。それが可能になったのも、以上のような西アフリカにおける経済的・政治的な重心の西方への移動が背景にあったと考えられるのだ。

ガオの凋落から十五世紀の再建へ

その後のガオは、ガーナ王国についで十三世紀から西アフリカに覇権を拡大したマリ帝国によって支配され、その一属国として位置づけられていく。そのことをなにより明確に示しているのが、マリ帝国の王であるカンクー・ムーサが一三二五年のメッカ巡礼の帰途に、私たちが発掘をおこなっているガオ市の空き地にモスクを建設したという伝承だ。この伝承は、十四世紀に生じたこの事績については語っているが、それ以前にこの地に王宮が存在していたことも、さらにその以前からサハラ交易がおこなわれていたことも、語っていない。もし私たちの発掘がおこなわれなかったなら、それ以前のガオに生じていた出来事や制度的変化は土のなかに埋もれたままであったのだ。

その後ガオは、西アフリカ史のなかにふたたび大きく登場することになる。十五世紀にマリの支配を脱するとともに、西アフリカ史上最大の版図を築いたソンニ朝、アスキア朝のガオ帝国の出現だ。この時期のガオについては、実際にこの地をおとずれたレオ・アフリカヌスの記述をはじめとする多くの記録があり、ガオ帝国が北アフリカや中東世界とのあいだで維持していた外交関係に関する文書も数多く存在する。とりわけ、ガオ帝国がモロッコのサード朝が派遣した軍隊に敗れて崩壊した直後の十七世紀初頭にトンブクトゥの知識人が書いた二冊の歴史書は、最盛期のガオ帝国について語る最良の資料である。

ただ私たちとしては、ガオ市内での発掘を継続することで、この時代のガオを直接目にすることができるようになることを願っている。記録がなにも語っていない六―十世紀のガオがこれほど繁栄していたのであるとすれば、最盛期にあたる十五―十六世紀のガオの繁栄はどれほどのものであったか。それを直接目に見えるようにすること、そして文書がなにも語っていない普通の人びとの暮らしぶりを明らかにすることを、私たちは強く願っているのだ。

むすび　西アフリカ考古学から世界史へ

マリ南部へと方向転換

ガオをふくめたマリ北部への移動が外国人に禁止された二〇一一年以降、私たちはマリ南西部へと調査地の変更を余儀なくされた。こうした調査地の変更は、それまでガオ市とその近郊での発掘によって重要な成果をあげてきただけに、残念なことであった。とはいっても、マリ南西部から隣国のギニア北東部の地域はマンデ地方と呼ばれ、十三―十四世紀に最盛期を迎えたマリ帝国の本拠地とされている。しかも、この地域での考古学研究はこれまでほとんどおこなわれてこなかった。その意味では、調査研究のし甲斐のある地域ではあるのだ。

考古学研究が少ない反面、マリ南部はグリオ（現地のことばでジェリ）という伝承語りの多く住む地域であり、これまで同地域でおこなわれてきた歴史研究は主として彼らの語りを採集したり、分析したりすることに向けられてきた。多くのグリオが語るところによれば、全盛期のマリ帝国には複数の首都があったが、なかでも重要なのはニジェール川の一支流であるサンカラニ川に面したニアニという村の近辺とされてきた（36頁図14）。

この村は現在は隣国ギニアに属しているので、マリの研究者は手を出すことができない。その村

図63　マンデ地方には今もなお、過去の製鉄炉がたくさん残っている。土製の炉の下部に、融解した鉄をとりだすための穴のほかに、ふいごをさすための穴が6～8ケ所つけられている。

の周辺では、一九六〇年代にポーランドの調査隊が三年にわたり、ギニアの口頭伝承の研究者と組んで発掘をおこなっている。しかしその発掘からは、十二世紀までの遺物と、十七世紀以降の出土品が確認されただけで、マリ帝国の最盛期であった十三―十四世紀の遺物はなにも発見されていない。そのため、ほとんどの研究者はこれがマリ帝国の首都であったとは考えておらず、(注1)マリ帝国の首都を発見すること、そこまでいかなくても、この時代のマリの経済的・社会的実態を明らかにできるような遺跡を発見することは、課題として私たちの前に残されているのだ。

私たちはこうした観点から、マリ国内の約百キロメートル四方のマンデ地方の大半の地域で、遺跡の分布図の作成と遺跡の表面調査、そしていくつかの遺跡での発掘調査をおこなってきた。マリ帝国の全盛期の前後の十二―十五世紀の土器を特定することと、その時代に特徴的な出土品を確認することが、この研究の主目的であった。

その結果、今ではこの時期に特徴的な数種類の土器を特定できるまでになっている。そこから、今後はこの種の土器が表面に見られる遺跡を発掘していったなら、マリ帝国の時代の社会経済的な実態に接近していけるだろう。そしてそれを継続していったなら、いつの日にかマリ帝国の首都を発見することができるだろう。私たちはそう考えているのだ。

西アフリカ考古学から世界史へ

これまで私はこの本のなかで述べてきたようなかたちで、マリ国内の数地方の遺跡を対象に考古学的な調査研究をおこなってきた。私たちの研究の最大の目的は、五世紀―十五世紀の西アフリカにおける社会経済的状況を明らかにすることであった。しかし私はこれまで、その最終的な問題意識については語ってこなかった。なぜ、この時代の遺跡に焦点をあてた研究をしているか。それによって、西アフリカ史の理解を深めるという以上に、いかなる理解を得ようとしているか。私が心にいだいてきた問題意識を、最後により広い観点から示しておこう。

私がこの時代の西アフリカに焦点をあてているのは、大航海時代の到来とともに奴隷貿易が活発になり、毎年数万〜十数万のアフリカ人奴隷がアフリカ大陸から強制的に搬出されるようになる直前の時期であるためだ。この奴隷貿易によってどれだけの数のアフリカ人が大陸外に運ばれていったかは、研究者によって一千万から二千万までの幅があり、見解の統一を見ていない。それがアフリカの諸社会に甚大な被害を与えたことについては一致があるが、その被害がどれほどの程度であったかについては見解がわかれているのだ。

私としては、奴隷貿易のはじまる以前のアフリカ大陸で、どのような経済的発展が実現されていたか、あるいは経済的発展を阻害するどのような要因があったかについて、できるだけ明らかにしたいと考えてきた。その観点から、文字資料のない、あるいは文字資料のごくかぎられた時代の西アフリカの諸社会の実態を解明するべく、発掘調査を実施してきたのだ。

アフリカ大陸、なかでも西アフリカには、独自に栽培化された農業システムがあり、交換財として活用される大量の家畜があり、おそらく自生的に開発した鉄の製作技術があり、独特の製布技術があり、さらには土器や貴金属加工の技術があった。それらの産業や技術があったからこそ、七世紀以降、ガオやガーナ、マリといった国家が誕生したのであり、それらの国家や技術は同時代の世界の他の地域と比較してもそれほど遜色のあるものではなかったと私は考えている。

ところが十六世紀以降、三世紀にわたる奴隷貿易によって膨大な人的資源を奪われ(注2)、さらには奴隷の獲得のための戦争がくり返されることによって社会不安が蔓延化したことで、アフリカ大陸は決定的に周辺化され、後進化されていった。その結果、十九世紀に哲学者のヘーゲルが言明したように、アフリカは歴史をもたないがゆえに意識の闇のなかにとどまる「暗黒大陸」だとさえ形容されるようになったのだ。

私としては発掘調査によって、これまで外部から一方的に与えられてきた理解ないし曲解とは異なる、アフリカの実態を明らかにしていきたいと考えている。暗黒大陸と呼ばれる以前のアフリカ、世界の他の地域と交易と外交によってむすばれていたアフリカ、同時代の世界の他の地域と比較可能な、歴史形成の主体としてのアフリカである。

それを正確に知ることによってはじめて、奴隷貿易がアフリカにもたらした負の影響を正しく測定することができるようになるだろうし、奴隷貿易をおこなった西ヨーロッパとその対象になったアフリカとのあいだの関係を、従来とは違った角度から見ることもできるようになるだろう。そしてそれを通じて、私たちの世界史の理解も一部に修正をほどこすことが可能になるだろう。そう考えてきたのだ。

西ヨーロッパのネガとしてのアフリカ

アフリカ人を対象にした奴隷貿易が実施されたことによって、西ヨーロッパとアフリカの関係は、そしてそれをふくめた世界は、どのように変わったのだろうか。西ヨーロッパは十六世紀以降、大量のアフリカ人奴隷を新大陸の鉱山やプランテーション農場で使役することによって、莫大な利益と資金を獲得することができた。西ヨーロッパが十八世紀に資本主義への離陸を実現することを可能にしたものこそ、そのようにして蓄積された資本であったのだ。

もっとも、奴隷貿易による富がどれだけ資本主義の成立に貢献したかについては、経済学者のあいだでも見解がわかれている。それが決定的であったとする研究者もいれば、限定的であったとする研究者も存在するのだ。しかしいずれにしても、そのための資金的な寄与が少なからずあったこと、そして奴隷制生産と資本主義生産とは、奴隷による労働を機械におきかえただけだという構造的相同性を有していたことは指摘できるだろう。しかもこれら二つの生産様式は、前近代の社会で一般的であった雇用者と被雇用者のあいだの人的関係をもたず、量としてのみとらえられた労働をいかに効率よく組織するかを第一に考えた利潤優先のシステムだという点でも共通性をもっていた。その意味で奴隷制生産こそは、資本主義が成立するためのいわば試行的段階であったのだ。

このように見ていくと、西ヨーロッパとアフリカが、いわば写真のポジとネガの関係にあったと考えることが可能だろう。近代以前の西ヨーロッパとアフリカは、いずれも当時の世界経済の中心であったインドや中国とくらべると後進国にすぎなかった。しかしそのなかで西ヨーロッパは、交易を通じて得られた西アフリカの金によって保護されることで、貴金属と貨幣の枯渇をまぬかれることができた。もしそれがなかったなら、貨幣の涸渇がまねいたであろう交易と経済活動の停滞を、西ヨーロッパは避けることができたのだ。

そののちに西ヨーロッパは、各種の手工業と地域間の交易を活発化することによって中世の「暗黒」を脱しようとしたが、そこで決定的な役割を果たしたものこそ、奴隷貿易というかたちでのアフリカの人的資源の搾取であった。最初ポルトガルが、つぎにスペインがレコンキスタによって国土の統一と国民国家の実現に成功すると、ポルトガルやオランダ、つぎにイギリスとフランスなどのヨーロッパ勢力はアフリカに殺到し、大量の奴隷を新大陸の鉱山や農園で使役することで膨大な資金を手に入れた。それによる資金と、奴隷制生産を通じて新たな経済メカニズムを獲得した彼らは、資本主義的な生産様式を確立することに成功したのであった。

やがて大量の商品生産が可能になった彼らは、原料の供給地と商品の市場として、アフリカをふくめた世界中の社会を植民地化しようとして、世界を戦争に巻き込んでいった。それを通じて、領土をめぐる二度の世界大戦が世界を破滅しかねないことを学んだ西ヨーロッパは、二度と戦争を生じさせないように国際連合と市民社会などの政治的メカニズムをつくり出し、今やそれを世界中に輸出しようと試みているのである。

新たな世界史像へ

このように見てくると、中世以降の世界史とは西ヨーロッパ主導の歴史であったかのようにしばしば見られているが、その陰にはつねにアフリカが存在していたことが明らかになってくる。

中世には交易を通じてほぼ対等の関係であった西ヨーロッパとアフリカは、前者が大航海の成功によって奴隷貿易を実施するだけの力を獲得すると、地理的に近いアフリカを一方的に収奪して、その人的資源を可能なかぎり奪っていった。その後、奴隷貿易を通じて蓄積した資本とノウハウによって資本主義への離陸を果たした西ヨーロッパは、工場で生産される商品のはけ口として、アフリカをふくめた世界中を植民地化しようとした。

その過程で、二度の世界大戦が西ヨーロッパ主導でおこなわれ、それによって戦争の悲惨を知らされた西ヨーロッパは（これに北米も加えるべきだろう）、新たな世界秩序の確立に向けた数々のメカニズムをつくり出した。国際連合、自由貿易、民主主義、市民社会、産業社会、ヨーロッパ連合などがそれであり、地理的に近いために西ヨーロッパによって徹底的に収奪されたアフリカは、これらの一切をもたないがゆえにその対極的な存在であり、主体的な行為能力をもたない存在であるとして、西ヨーロッパの側からの一方的な蔑視と援助の対象におとしめられてきたのだ。

こうして見てくると、近代以降の西ヨーロッパがアフリカを踏み台にすることで「世界史」の主役でありポジでありつづけたこと、その意味でアフリカとはつねに西ヨーロッパの負の部分を押し付けられたネガであったことが、了解できるだろう。私はこのような近代以降の世界的な歴史を、それがはじまる以前までさかのぼることによって、違った目で見直したいと考えている。そのための出発点が、私にとっては近代以前の、奴隷貿易がはじまる以前のアフリカ社会を理解することなのだ。

おそらく歴史を学ぶことは、現実の社会関係を変えることには直接にはつながらないだろう。しかしそれは、世界を違った目で見直すことには貢献するはずである。そして、世界を違った目で見る人間の数がふえていったとき、世界が変わるかもしれないと想像することは、あまりに現実離れしているのだろうか。

（注1）この発掘に参加したのが、口頭伝承の研究者として世界的に著名なギニアのタムシル・ニアネだ。彼はユネスコが出している『アフリカの歴史』第四巻の編集をまかされるほどの研究者だが、この巻のなかの論文では、十三―十四世紀の出土品がないことには一切ふれずに、サンカラニ川に面したニアニがマリ帝国の首都だと断言している。このユネスコ版アフリカ史は、アフリカ人研究者を重用してはじめられたものだが、編者のそれをはじめとする論文の内容は低レベルのものが多く、方法論的にも時代遅れで、優れた著作とはとてもいえないようなしろものだ。日本語訳も出版されているが、わが国ではこのレベルのアフリカ史研究しか一般に接することができないのが現状であり、アフリカ史研究者として慚愧のいたみである。

（注2）奴隷貿易については、アフリカがいわば一方的にやられっぱなしではなかったことは押さえておくべきだ。できるだけ多くの奴隷を入手しようとしたヨーロッパ諸国は、くり返しアフリカ内陸部の直接的支配を試みた。しかし、その試みはつねに拒絶され、彼らの支配は大西洋沿岸に設置された砦の周囲にとどまった。また、ヨーロッパ諸国はアフリカ大陸の内部に砂糖やコットンのプランテーションを開こうと何度も試みたが、それもつねにはね返されている。こうした事実は、発達した農耕と製鉄の技術をそなえたアフリカ側の抵抗が予想以上に強かったためだと考えることができる。その意味では、大西洋を越える奴隷貿易は、アフリカの弱さのあらわれではなく、アフリカの強さの結果であったのだ。

こうしたことは、一部にきわめて高度な政治経済システムを発達させていた反面、頂点の政治システムを破壊されると比較的容易に内陸までの支配をこうむったアメリカ大陸のケースと比較するなら、興味深い点である。

本書のもとになった論文と図版の出典（文献等についてはこれらを参照されたい）

＊本書は、以下の既発表論文を下敷きにして書かれている。

Takezawa Shoichiro et Mamadou Cisse（2004）, "La domestication du céréal au Méma" *Proceedings of the 11th Panafricain Congres of the Prehistory and Related Subjects*, pp.95-110.

Cisse, M.（2010）, *Archaeological Investigations of Early Trade and Urbanism at Gao Saney*, PhD. Thesis, Rice University.

Takezawa S. & M. Cisse（2012）, "Discovery of the Earliest Royal Palace in Gao and Its Implications for the History of West Africa", *Cahiers d'études africaines*, 52(4): 813-844.

Takezawa S. et M. Cisse（forthcoming）, "La fouille au Méma dans le contexte des Grands Empires de l'Afrique de l'Ouest（Empires de Ghana et de Mali）", *Etudes maliennes*, numéro spécial.

竹沢尚一郎・ママドゥ・シセ・小田寛貴（2005）「西アフリカ史のなかのメマ――ガーナ王国とマリ帝国を支えた経済活動」『アフリカ研究』66: 31-46.

竹沢尚一郎（2008）『サバンナの河の民――記憶と語りのエスノグラフィ』世界思想社.

竹沢尚一郎・ママドゥ・シセ（2009）「西アフリカ最古の王宮の発見」『アフリカ研究』73: 31-47.

＊また、以下の著作から写真を引用し、図版は参考にして作成している。

Posnansky, Merrick（1973）, "Aspects of Early West African Trade", *World Archaeology*, fig.3（21頁図5）

McIntosh, Roderic. J.（1998）, *The Peoples of the Middle Niger*, Routledge, fig.2.2（22頁図6）

Lhote, Henri（1958.）, *A la Découverte des fresques du Tassili*, Arthaud, pl.64（23頁図7）, pl.III（28頁図9）.

Cuoq, Joseph, éd et trad.（1975）, *Recueil des sources arabes concernant l'Afrique occidentale du VIIIe au XVIe siècle :*（*Bilād al-Sūdān*）, Éditions du CNRS, carte 4（59頁図19）

Musée national des arts d'Afrique et d'Océanie（1993）*Vallée du Niger*, Editions de la Réunion des musées nationaux, p.329（137頁図48）

DNPC（2005）, *Le Tombeau des Askia, Gao - Mali*, CRATerre Editions, p.32（148頁図51）

竹沢尚一郎（たけざわ　しょういちろう）

1951年福井県生まれ。フランス社会科学高等研究院社会人類学専攻博士課程修了、Ph.D.（民族学）。九州大学大学院人間環境学研究院教授を経て、国立民族学博物館教授。専門は宗教人類学・アフリカ史。1999年以降マリで発掘調査をおこなっている。主な著書に、『象徴と権力――儀礼の一般理論』（勁草書房、1987年）、『サバンナの河の民――記憶と語りのエスノグラフィ』（世界思想社、2008年）、『被災後を生きる――吉里吉里・大槌・釜石奮闘記』（中央公論社、2013年）などがある。

フィールドワーク選書 10

西アフリカの王国を掘る
文化人類学から考古学へ

二〇一四年八月三十一日　初版発行

著者　竹沢尚一郎
発行者　片岡敦
印刷 製本　亜細亜印刷株式会社
606-8204 京都市左京区田中下柳町八番地
発行所　株式会社 臨川書店
電話（〇七五）七二一―七一一一
郵便振替　〇一〇七〇―二―八〇〇

落丁本・乱丁本はお取替えいたします
定価はカバーに表示してあります

ISBN 978-4-653-04240-2 C0339　©竹沢尚一郎 2014
〔ISBN 978-4-653-04230-3 C0339　セット〕

フィールドワーク選書　刊行にあたって

編者　印東道子・白川千尋・関　雄二

人類学者は世界各地の人びとと生活を共にしながら研究を進める。何を研究するかによってフィールド（調査地）でのアプローチは異なるが、そこに暮らす人々と空間や時間を共有しながらフィールドワークを進めるのが一般的である。そして、フィールドで入手した資料に加え、実際に観察したり体験したりした情報をもとに研究成果を発表する。

実は人類学の研究でもっともワクワクし、研究者が人間的に成長することも多いのがフィールドワークをしているときなのである。フィールドワークのなかでさまざまな経験をし、葛藤しながら自身も成長する。さらにはより大きな研究トピックをみつけることで研究の幅も広がりをみせる。ところが多くの研究書では研究成果のみがまとめられた形で発表され、フィールドワークそのものについては断片的にしか書かれていない。

本シリーズは、二十人の気鋭の人類学者たちがそれぞれのフィールドワークの起点から終点までを描き出し、それがどのように研究成果につながってゆくのかを紹介することを目的として企画された。なぜフィールドワークをしたのか、どのように計画をたてたのかにはじまり、フィールドでの葛藤や予想外の展開など、ドラマのようなおもしろさがある。フィールドで得られた知見が最終的にどのように学問へと形をなしてゆくのかまでが、わかりやすく描かれている。

フィールドワークをとおして得られる密度の濃い情報は、近代化やグローバル化など、ともすれば一面的に捉えられがちな現代世界のさまざまな現象についても、各地の人びとの目線にそった深みのある理解を可能にしてくれる。また、研究者がフィールドの人々に受け入れられていく様子には、人間どうしの関わり方の原点のようなものをみることができる。それをきっかけとして、人工的な環境が肥大し、人間と人間のつながりや互いを理解する形が変わりつつある現代社会において、あらためて人間性とは何か、今後の人類社会はどうあるべきなのかを考えることもできるであろう。フィールドワークはたんなるデータ収集の手段ではない。さまざまな思考や理解の手がかりを与えてくれる、豊かな出会いと問題発見の場でもあるのだ。

これから人類学を学ぼうとする方々だけでなく、広くフィールドワークに関心のある方々に本シリーズをお読みいただき、一人でも多くの読者にフィールドワークのおもしろさを知っていただくことができれば、本シリーズを企画した編集者一同にとって、望外の喜びである。

（平成二十五年十一月）